U0584385

融媒体时代新闻写作模式研究

王　粲◎著

地震出版社

图书在版编目（CIP）数据

融媒体时代新闻写作模式研究 / 王粲著. -- 北京：
地震出版社, 2022.12
ISBN 978-7-5028-5518-5

Ⅰ.①融…　Ⅱ.①王…　Ⅲ.①新闻写作－研究 Ⅳ.
①G212.2

中国版本图书馆CIP数据核字(2022)第231876号

地震版　XM5419/G（6347）

融媒体时代新闻写作模式研究
王　粲◎著

责任编辑：鄂真妮
责任校对：凌　樱

出版发行：地震出版社

　　　　　北京市海淀区民族大学南路9号　　　　邮编：100081
　　　　　发行部：68423031　　　　　　　　　传真：68467991
　　　　　总编室：68462709　68423029
　　　　　专业部：68467982
　　　　　http://seismologicalpress.com
　　　　　E-mail: dz_press@163.com
经销：全国各地新华书店
印刷：北京市兴怀印刷厂

版（印）次：2023年3月第一版　　2023年3月第一次印刷
开本：710×1000　1/16
字数：194千字
印张：13.5
书号：ISBN 978-7-5028-5518-5
定价：75.00元

前　言

　　在融媒体不断发展的现代社会，新闻写作的模式创新已经成为一种新型的社会竞争力，受到了新闻行业的广泛关注，这给新闻媒体行业的进一步发展带来了新的机遇和挑战。在这种情况之下，新闻媒体必须对当前新闻写作过程中存在的问题有一个较为清晰的认识，从而结合自身的专业知识和工作实践，寻找行之有效的优化策略和创新路径，不断优化新闻报道的写作模式，为新闻行业的进一步发展奠定坚实的基础。

　　基于此，笔者编写了《融媒体时代新闻写作模式研究》一书。本书包含六章，第一章是新闻写作的概论，包含新闻的基本认识、新闻写作的要求与原则、价值规律以及新闻写作的受众与社会责任。第二章阐释了融媒体时代的基础知识，包含融媒体时代的特征与标志，融媒体时代技术平台和中心平台的建设。第三章对融媒体时代新闻写作进行多维探析，包含报刊类新闻写作分析、纸媒新闻写作的转型与坚守以及广播电视新闻写作的语旨意识等。第四章是介绍融媒体时代新闻的制作与生产，探讨了微博、微信、数据新闻以及短视频新闻的制作与生产。第五章介绍融媒体时代广播电视新闻的写作方法，包含专题的写作、评论的写作和融媒体文本的写作。第六章介绍融媒体时代新闻写作模式的实践创新，包含新闻写作理论与实践错位研究、新闻写作模式的创新思考和创新新闻写作的实践方法。

整体而言，本书从理论到实践，注重系统性和全面性，内容丰富且有层次，在写作规范上，也力求做到内容清晰、理论规范、章节合理、逻辑严谨。笔者在撰写的过程中参考和借鉴了大量的相关理论著作，由于水平所限，在撰写时难免出现不足之处，敬请广大读者批评指正。

作　者

目录

第一章 新闻写作的概论

第一节 新闻的基本认识

一、新闻的定义

新闻有广义与狭义之分。广义的新闻范围很广，是各种报道性体裁的总称。凡报刊、广播、电视、因特网等新闻媒介中发布的具有报道性质的体裁都可以纳入这一范畴。狭义的新闻即消息，是一种以最直接、最简练的方式迅速告诉读者发生了什么事情的文体，也是各种新闻媒体中最常见、使用量最大的文体。

尽管为新闻确切定义很难，但在我国，还是有这样三种定义是可取的：其一，新闻是新近发生的事实的报道；其二，新闻是新近变动的事实的传播；其三，新闻是新近变动的事实的信息。显然，前两个定义揭示的是新闻的形式属性，后一个揭示的是新闻的本质属性。

从这三个定义中，我们可以获得这样一些基本认识：其一，新闻有新、事实、报道（或传播）这样三个基本构成要件，且三者相互关联，缺一不可。其二，在构成新闻的三要素中，事实是最基本、最重要的构成因素，事实是第一性的，是构成新闻的本源；但光有事实也构不成新闻，只有当事实被报道出来之后才能构成新闻。报道与传播是第二性的。从辩证唯物主义角度考察，新闻是对客观存在的事实的反映，二者互为表里，相辅相成。其三，新闻所报道或传播的必须是新鲜的有生命力的事实。换言之，新闻一定要新，而不是过时的甚至陈腐的事实。第四，新闻既然是事实的报道，就必须是真实的，而不是虚假的。"真"和"新"是新闻的基本属性。

新闻是人类社会生活的产物，与人类社会的关系是十分密切的，在一定意义上可以说是联系人类社会的桥梁和纽带。特别是当今信息社会，新闻已成为人们社会生活的必需品。

二、新闻的本质

事物的本质属性是事物具有决定意义的特有属性，是决定该事物之所以为该事物而不是别的事物的根本性质。要形成有关事物的科学概念，必须揭示和把握事物的本质属性。要形成科学的新闻概念，也必须揭示和把握新闻的本质属性。

新闻的本质属性由三个属性构成，分别是：真实性——真实的观念事实，具有新鲜性，蕴含认识引导意义。这三个属性是新闻与其他社会意识形式本质的区别，是衡量新闻与非新闻的标准。

（一）新闻自身的内在矛盾决定其本质属性

可以说，任何运动形式其内部都包含着本身特殊的矛盾。这种特殊的矛盾就构成一个事物区别于他事物的特殊的本质。事物自身所包含的特殊矛盾决定事物的特殊本质，决定事物的特殊本质属性。因此，要认识新闻的本质属性，就必须揭示和把握新闻自身的内在的特殊矛盾。

新闻是传者采写活动的产物，新闻自身的内在矛盾是在新闻采写过程中形成的。新闻采写活动是认识活动。一般说来，在认识活动过程中，主体与客体之间存在着两种既有联系又有区别的关系，即认知关系和价值关系。认知关系是主体对客体的反映关系，是主体以了解客体为目的的。价值关系是评价关系，是主体以弄清客体对自身的意义为目的的。新闻采写活动是一种特殊的认识活动，主客观之间的认知关系和价值关系都有其特殊性。首先，新闻反映的客体是一种特殊的社会存在——客观事实。其次，新闻的主体是双重的：传者和受众；主体的需要具有双重性。传者需要、受众需要、客观事实这三个主客观因素及其相互作用，决定了新闻采写的内容和过程，也决定了新闻内在矛盾的特殊性。

在新闻采写过程中，特殊的主客观矛盾表现在三个方面。矛盾的第一个方面，即主观映像与客观事实的矛盾。它是由传者与事实之间的认知关系决定的。它反映的是人类对新闻这种社会意识形式的基本规定性，即要求新闻必须是客观事实的反映，主观映像必须与客观事实相一致、相符合，即新闻必须是具有真实性的观念事实。矛盾的第二个方面，即客观事实与受众的需要的矛盾。它反映的是受众与事实之间的价值关系。因为新闻是一种以传播为目的的精神产品，所以必须满足新闻消费者——受众的需要。受众是为了及时掌握客观世界最新发展变化情况才接受新闻的。因此，要解决客观事实与受众需要之间的矛盾，就要求新闻反映的事实必须具有新鲜性。矛盾的第三个方面，即客观事实与传者需要之间的矛盾。它反映的是传者与事实之间的价值关系。传者采写新闻是有明确目的的，其主要目的就是引导认识、引导舆论。要解决这个矛盾，就要求新闻事实的意义蕴含必须满足传者的引导需要。

（二）新闻本质属性形成的过程

新闻采写的基本矛盾是主观与客观的矛盾。这个矛盾关系主要表现在两个方面：一方面，客观事实是不依赖传者认识的客观存在，是传者认识的客观对象，主观反映与客观事实的一致是认识的基本要求；另一方面，传者和受众的需要又影响着反映过程中的主观与客观的一致。传者（也代表受众）不是被动地反映客观事实，而是能动地反映客观事实。对事实的选择、对反映事实角度的选择等，就是这种能动性的反映。

在新闻采写过程中，传者正是通过多次选择，不断解决主客观之间的矛盾，达到主客观统一的。真正的新闻必须实现三个统一：客观事实与主观映像的统一、客观事实的新鲜属性与受众新闻需要的统一、客观事实的意义蕴含与传者认识引导需要的统一。新闻的三个本质属性正是三个统一的体现。新闻学的逻辑起点是新闻，新闻的内在矛盾中蕴含着新闻学一切矛盾的萌芽。

（三）正确理解新闻本质三个属性的含义

1. 关于真实的观念事实

观念是客观事物在人脑中的能动反映形式。人对客观世界的认识是以观念为中介的，观念事实就是客观事实在人脑中的反映形式。

要正确认识真实观念事实的含义，就要弄清事实与新闻的联系和区别。二者的联系是：新闻是事实的反映，没有事实就没有新闻。二者的区别是：事实是客观形态的东西，是客观世界曾经发生过的；新闻是存在于人脑中的东西，是观念形态的东西。观念形态的东西与客观形态的东西是有质的区别的，二者不能混淆。

传者对客观事实的反映有正确与错误之分。真实的观念事实就是传者对客观事实的正确反映，是对客观事实如实的摹写，是与客观事实相一致或相接近的映像。观念事实并不都是真实的。真实性就是真实的观念事实简明的概括。但是，新闻的真实性是客观事实真实性的反映，并不是客观真实性本身。

2. 关于具有新鲜性

新鲜性首先是个时间概念，要求事实是新近发生的。新闻发布的时间应当尽可能接近事实本身发生的时间，二者的时间差越小，就越有新鲜性。新鲜性也指新闻内容的新颖性，为受众提供他人没有提供过的事实。新闻内容的新颖性是极其广泛的概念，一切受众欲知、应知、未知的事实都具有这个特性。

3. 关于蕴含认识引导意义

蕴含认识引导意义是指新闻蕴含着的客观认识价值。这里的"意义"是个内涵十分广泛的概念。它可以是本质的意义，现象的意义；现实的意义，历史的意义；个别的、特殊的意义，普遍的意义；也可以是政治意义、经济意义、文化意义、日常生活的意义。不能对"意义"做狭义的理解。

蕴含认识引导意义这个本质属性，是传者引导需要与事实意义蕴含之间关系的反映。传者的引导需要，传者的目的、意图和倾向是主观的东西，而事实的意义蕴含是客观的东西。在这对主客观矛盾中，新闻事实的意义蕴含具有决定作用。就是说，新闻事实的意义蕴含是决定传者的引导需要能否实现的客观条件。

蕴含认识引导意义的基本要求就是传者的引导需要与事实的意义蕴含一致、相符。但是，在新闻传播实际中，存在着二者不一致的情形。由于事实的意义蕴含是自身固有的、是客观的，因此二者的不一致是由传者对新闻事实意义蕴含的错误认识（有意或无意）造成的。凡事实都蕴含着意义，都对接受者有一定的引导作用。在传者的引导需要与事实的意义蕴含不统一时，并不等于新闻就失去了认识引导作用，只不过已经不是传者需要的罢了。

新闻的三个本质属性不是孤立的，而是有机地联系着，相互依赖着，相互制约着，具有不可分的统一性。真实的观念事实即真实性，是新闻本质属性的基础，是躯体，失去它，新闻本质的其他属性就失去了依附，就成了虚无缥缈的东西；具有新鲜性是新闻的特色、标识，失去它，就不是新闻了，新闻就失去了作为一种独立的社会意识的资格；蕴含认识引导意义是新闻的精神价值、灵魂，失去它，新闻就是死的躯壳，也就失去了存在价值。

新闻本质的三个属性统一于真实性，即新闻的三个本质属性都必须具有客观性。新闻新鲜性是具有客观性的新鲜性，新闻认识引导意义性是具有客观性的认识引导意义性。

根据对新闻本质属性的认识，笔者给新闻下了一个定义：新闻是蕴含认识引导意义的具有新鲜性的真实的观念事实。

三、新闻的特征

（一）新闻特征概说

新闻特征是指新闻类文体所具有的独特的能与其他文体区别开来的个性化特征，也是新闻所具有的基本属性。

新闻特征有三个层面的含义：一是指新闻类（即广义新闻）所表现出来的总体特征。二是新闻中古今文体如消息类、通讯类等，所表现出来的共同本质特征。三是各种文体的具体特征。我们这里讨论的是新闻类文体的总体特征。只有正确地认识、把握新闻的特征，才能很好地区分真假新闻，很好地赏析新闻，有效地指导新闻写作。

（二）新闻的基本特征

在我们看来，新闻具有真、新、短、活、广等特征。

1.真

真即真实可靠。换言之，即新闻所报道的都应当是真实的人、真实的事；新闻都应当实事求是，说真话，蕴含客观真理，虚假的人和事不应当是新闻报道的范畴。显然，这既是新闻的内容属性，也是新闻的本质属性。如果新闻报道不真实，就没什么价值可言了。之所以如此，是因为新闻是事实的报道，事实是本源，事实就是历史，历史就应当是真实的；历史只能取舍，不能虚构或夸张。之所以如此，还因为新闻是一种社会产物，要产生那么多功效，如果不真实，不但起不了正面的相应效用，反倒会产生诸多的负面效应。因此，古今中外的新闻工作者都无一例外地坚持了这一点。因此，真实就成了新闻的生命，是新闻工作必须遵守的基本准则。

2.新

顾名思义，新闻当然要新，这既是新闻的基本构成要素，也是新闻的本质特征所在。新闻不新就不成其为新闻。这与过去人们所揭示的快不同，因为快只有时间上的要求，是采写速度问题，新还有价值意义问题。新的内涵体现在时间性、时新性、时机性三个层面。

（1）时间性。时间性即新闻事实从发生到被报道出来的时间要尽可能短，而且是越短越好。这主要是由社会时代的发展决定的。因为当今社会是信息社会，时代和社会的节奏非常快。时间就是生命，信息就是金钱，有时甚至是生命。社会的竞争非常激烈，谁掌握的信息多、好、新，谁就能把握时代和社会的主动权，永远立于不败之地；加之信息具有"易碎性"特点，稍纵即逝，或者会削弱其价值。因此，过去的记者们常常是计以时日，而今的新闻界已变为争分夺秒地抢新闻，时间性非常强。

（2）时新性。这主要是指内容与形式的统一问题。亦即新闻一是事实要新，是别人没有报道过的，最好是独家新闻。二是主旨要新，即要有新的价值意义，也就是新闻要报道新情况、新问题、新事物、新经验、新思想、新观念、新气象、新的价值意义。三是手法要新，体裁样式、语言文字要别出心裁、标新立异，以抢人眼球。显然，三者中事实是基础，主旨是根本和关键，其余是形式。时新性是新闻的根本所在。

（3）时机性。时机性指的是两个方面的时机：一是记者的报道，特别是对重大事件的采写报道要讲机缘，受从业范围、地域区限、时间精力、兴趣爱好、职能配套、政策界限、道德法纪等多方面的制约，不是随心所欲，想写就写，有个机缘问题。二是报道新闻也要讲时机，即使是在所谓"新闻自由"的西方国家，报道也是受限制的，也不能随心所欲，而是受到事件性质、政策法纪等多方面的制约，特别是重大涉密问题，同样有采写、编发等方面的监控审查措施。其实新闻新不新，在很大程度上取决于记者和编辑人员的才学胆识，取决于记者、编辑有没有超常的发现才能和眼光，取决于个人修养和看问题的方式方法。

3．短

短即短小精悍，具体来说就是容量小、篇幅短。一般情况下，全国好新闻评选有一般不超过 500 字的规定，但这是相对消息报道体裁而言的，通讯、特写、深度报道类体裁就不尽然了。即便是消息，也应当是长得有理、短得适当，因为当今社会生活节奏加快，人们接受的信息量加大，新闻长了媒体不喜欢用，人们也不喜欢看。因而新闻工作者常常在选材和写作上下功夫，短也就成了新闻的一条规律。

4．活

活即生动活泼，富于生机活力之意，这是新闻的魅力、生命力所在。要达此目的，得在以下几方面下功夫：

（1）内容要活。包括所选新闻事实应当是鲜活、有价值意义的，而不能随意选取，有闻必录；要将新闻事实蕴含的深刻意蕴把握住，写得见人见事见思想、见情景，让事实有精气神，真正鲜活起来；对新闻事实的报道要有内容上的取舍与灵活把握，而不是开中药铺，把什么要素都写齐全。

（2）手法要活。尽可能地调动各种表达方式、表现手法，把真实的人和事写得生动活泼、真切感人。对相关材料的选择与取舍都要灵活；对体裁样式的使用也要生动活泼，而不至于千篇一律，显得呆滞死板。

（3）语言文字上要活。不能因为新闻是事实的报道就显得一本正经，甚至于板起面孔，写得毫无生气，毫不生动，扼杀了本来鲜活的事实，也让人读起来索然无味，如同嚼蜡。其中，最重要的、最难的是把客观事实写生动鲜活、透彻，当然语言文字的修养是个功底问题。

5．广

广，主要是从新闻的效能角度来考察的，当然也包括新闻取材的广泛。无论政治、经济、军事，还是文教、科技、卫生、外交等各个领域、各条战线，凡是具有新闻价值的客观事物都可以纳入新闻报道的范畴。在广阔复杂的社会生活中，不是没有新闻，而是每时每刻都在发生大量的新闻，关键在于你有没有发现的眼光和才能，能否及时准确地捕捉到新闻。

广，还指新闻的价值功用广，可以宣传教育，也可以上情下达，下情上达，联系沟通；还可以惩恶扬善、弘扬正气或揭露鞭挞；可以传播知识，推广经验，对社会起促进、推动作用。

此外，还有其传播范围、服务对象广，无论东西南北中，工农商学兵，各行各业人士都喜闻乐见、雅俗共赏。

（三）新闻特征间的关系

新闻的上述特征既各自相对独立，又相互联系，有机统一，共同构成了新闻的特定品貌和巨大功能。其中，真是内容属性，新是本质特征，短、活、广分别为文体、手法、效能特征；短、活、广是外在属性，真和新是内在品质、本质，是新闻的灵魂和生命；短、活、广是手段、载体，是真和新的外在形式和表现。短、活、广、要为真和新服务，要服从真和新的统率，但真和新也要借助短、活、广来承载和表现，几者是相辅相成，不可或缺的。

四、新闻的不同体裁

（一）基本的常规性新闻体裁

基本的常规性新闻体裁是指那种最接近新闻定义、新闻特征相对明显，在报纸、广播、电视、网络等新闻媒体上大量使用，出现频率最高的这样一类新闻，主要包括新闻报道和新闻评论两个方面的新闻体式。

1. 报道性新闻体裁

报道性新闻体裁是指以报道为基本的写作手法，将新近发生或变动的新闻事实，及时、有效地介绍给公众的新闻作品。这是使用频率最高、表现形式丰富的典型性新闻体裁。从总体上讲，它主要包括以下体式和品类：

（1）消息类新闻体裁。这是一种以最简明、精炼的文字和交代、叙述的手法迅速及时地告诉人们发生了什么事情的特殊文体。它不仅使用量最大、出现频率最高，而且表现形式十分灵活，新闻特征最为明显，因而是最典型的新闻类体裁。它可以从表现形态、内容手法、事实特征等不同角度划分出很多个品类。其主要的、基本的体式为简明新闻、动态消息、人物消息、事件消息、综合消息、经验消息、述评新闻等，是一种应当重点学习、讨论和掌握的文体。消息作为新闻报道中的主流文体是新闻事业发展的产物。中国早在唐代就有了邸报，明代就有了京报，也编发了大量信息，但都不是真正意义上的消息。消息虽然脱胎于古典文学，但其文体的产生与传发手段变革有关，新闻专电的出现是消息体裁渐趋成熟的标志。

（2）通讯类新闻体裁。通讯是以生动、鲜活的新闻事实为依据，运用叙述、描写等主要表达方式加以客观、具体、生动、翔实报道的一类新闻体裁。较之消息，通讯具有内容更翔实、手法更灵活、题材更典型重大、效果更生动传神和篇幅长、时新性要求相对较低等多方面的特点，也是报道类体裁中的一种主要体裁。通讯可根据内容、手法特点，分为人物、事件、工作、风貌、集纳通讯、新闻小故事（小通讯）等，也有以访问记、散文体形式出现的。通讯的产生也与新闻传播手段有关。电讯业诞生以前，受通信条件限制，外地记者要向报社发送报道稿件时只能以通信方式进行，因而当时称为外埠消息或某地通信、某国通信。由于以信件方式传递，便可写得详尽、具体些，生动感人些。

（3）深度报道。这是一种将新闻事实置于深广的时空背景中去深刻地透视其性质因果、追踪其来龙去脉、揭示其性质意义的新闻报道，也是一种最具有现代气息、东西方新闻学界都存在的高层次报道，是新闻写作的一种大趋势。深度报道具有题材重大，内容手法丰富，内涵深刻，体裁样式灵活多样的突出特点。从内容手法上可分为单一、组合型，提出问题、分析解释、综合概括、典型传播、连续报道、系列报道等多种形式，其生命力是相当强的。

（4）其他报道性体裁。除消息、通讯和深度报道外，被称为报道的新闻体式还有一些，诸如完全式、进行式、预告式、预测式报道，特稿、个人经历报道，探讨性、分析性报道，典型性、解释性报道，精确性、调查性报道，调查附记、采访札记、记者来信等。这些看起来有点让人眼花缭乱，实际上只要我们深究其里，便不难发现他们都分别属于消息、通讯和深度报道的范畴，是这些报道性文体多样化的表现形式。

2. 评论性新闻体裁

（1）特性。评论性新闻体裁具有以下特性：

第一，新闻性。这主要体现在以新闻事实为基础、以新闻事件为评论对象，所评论的问题均具现实意义，时效性较强等三个方面。

第二，权威性。新闻评论是报纸的灵魂和旗帜，报纸是党和政府的喉舌，评论在很大程度上是代表政权、权力机关或公众在立言，又是由专业工作者公开发表的，在人民群众中自然具有很高的权威性。

第三，思想性。评论者要站在时代的前列，用正确的观念、理论做指导来探究解决重大现实问题，要揭示评论对象的本质与意义，这自然就具备很强的思想性了。

第四，公益性。这是由评论的对象和目的动机、功效所决定的，其间包括群众性，所评的当是人民群众普遍关心的问题，评论时必须维护广大人民群众的根本利益，坚持真理，客观公正，必须为人民群众所理解和接受。

（2）种类。评论性新闻的体裁样式是多种多样的，可以从内容、传播媒体和写作手法等角度来分出不同的类别，比较常见的有以下五种。

第一，社论。顾名思义，社论就是代表报社或杂志社发表的言论。在我国它反映的是编辑部而非个人的意见主张，因而又称编辑部文章，并且往往在一般情况下是不署名的，因而它代表的是组织的意见。

第二，评论员文章。评论员文章是一种介乎社论和短评之间的评论性文章。它与社论没什么严格的区别，必要时也可升格为社论。因为它虽不像社论那样直接代表编辑部或同级组织发表意见，但反映的是编辑部的观点意见，所不同的是它要具体署名，且除去一部分独立发表之外，往往是与有关典型事件或重大报道或当前形势与任务而配套发表的。

第三，短评。短评是一种短小精干、内容单一、分析精当、使用灵活广泛的评论性文章。它可以用来颂扬先进、伸张正义，揭露批评错谬、鞭挞丑恶，也可用于辨析事理，表明见解主张，是一种针对现实社会生活中的现象、问题和思想倾向发表议论或评价，表明作者观点、主张、意见态度，取材范围广，针对性极强，深受读者喜爱的说理性文章。短评常常有两种情形：一是针对现实社会中的现象或问题有感而发，直抒胸臆；二是配合媒体的事实报道而直截了当。无论哪种情形，写作时都应当注重选题，做到就事说理，深入开掘，情理相生，手法灵活，客观公正，以理服人。

第四，编者按。也称编者按语或编者的话，既可置于文前，也可在文后。文前、文中称编者按或按语，文后称编后或编后语，也有称编余或编后小议的。编者按是一种依附于新闻报道或文稿，由编辑操作的一种画龙点睛式的简短评论。它既可以是评价，也可以是批注或建议、说明性文字，其目的、功用主要是表明编者的认识态度与看法主张，帮助读者明白是非曲直，权衡利弊得失。编者按的种类较多，可按手法功用分为交代说明型、议论评判型两类，也可按位置分为文前、文中、文后（编后）按语三种情形。交代说明型主要用于说明情况、交代背景，帮助读者理解新闻材料或事实。议论评判型主要是揭示事件意义或文章的中心思想，表明编者的认识态度、意见看法，对读者起引导作用。无论哪种情形，都具有简洁明快、精警凝练、源于新闻而又高于新闻的突出特点。

第五，述评。述评是一种既带有基本报道性质又带有评论性质的边缘性交叉性文体，从其功能作用上看，将其归入评论类也是可以的，后面将专门讨论。

（二）交叉性新闻体裁

1. 新闻与文学交叉融合的体裁

（1）报告文学。报告文学是新闻与文学联姻的产物，也是新闻与文学交叉融合所形成的一种特殊的、典型的体裁。其特殊典型性主要集中体现在它是运用文学手段来及时地反映现实社会生活中的真人真事。目前，国际国内比较一致的是将其作为新闻体裁来对待的，因为它虽然借助了文学艺术的表现手法，但就其所反映的对象和内容看仍然是现实社会生活中的真人真事，并没有虚构或夸张，并没有违背新闻写作的真实性原则，是属于报告而非创作之列。它是新闻事实的报告，时代的报告，是用文学手段写成的报告，而不是报告式的文学，因而是一种边缘性文体、交叉性文体，是一种既具有很强的文学性，又具有很强的新闻性的特殊体裁。

报告文学的新闻性主要体现在其真实性和时效性上。其真实性要求报告文学所写的必须是现实社会生活中真实的人和事，无论是人物的肖像、语言、行动，还是心理描写、环境描写、情节设置、思想性格特征和品质揭示，都必须是真实的，容不得半点虚构和夸张。其时效性要求报告文学所写之人物、事件，应当是现实社会生活中的新人、新事、新思想、新经验、新问题、新风貌，在采写中要尽可能地结合时代、社会的需求，把握住时代社会特征来选取典型的材料，反映出时代、社会的精神品质和风貌。

报告文学的文学性集中体现在文学艺术手段的综合运用上，包括小说的人物刻画、情节设置和环境描写，戏剧的结构措置和对话艺术，诗歌的激情与意境，散文的优美语言和意境，杂文的精警议论，影视艺术的时空跳跃，蒙太奇手法等。只要不违背生活的真实，凡是对叙写事件、刻画人物，展示时代品质和精神风貌有利的一切艺术手法都可以信手拈来，为我所用，以求将真实的人物和事件写得生动形象，波澜起伏，精深透辟，真切感人。

报告文学的种类较多，可按照内容题材分为写人为主、写事为主、综合反映社会问题三大类，按性质分为歌颂型、暴露型，按视角手法分为单视角、多视角（全景式）报告文学。无论哪种情形，写作时都一定要深入采访、严格选材，努力把握好时代脉搏，坚持真实性原则，正确处理好新闻报告与文学创作之间的关系，力求把真实的人和事再现得鲜活生动。将散文的优美清新，诗歌的含蓄凝练，小说的细腻生动和个性化特色，议论的严密、精警和犀利泼辣以及不违背真实性原则要求的各种修辞手法都很好地利用起来，以便充分展示张扬出边缘性、交叉性文体的鲜明特色和个性，很好地发挥其功能作用。

（2）新闻特写。又称为新闻素描或特写性新闻。新闻特写于20世纪30年代传入我国，曾一度被误解为报告文学，看成与电影特写镜头类似的新闻报道手法和体裁。其基本手法是抓住新闻事件中最具特征、最有价值、最生动感人的局部、片段或情节、场面来加以放大，或做集中突出的形象化描绘与刻画，使之鲜明突出、生动形象，给人以强烈深刻的印象或独特的认识与感受。因此，我国新文学界比较集中、一致的认识是：凡旨在充分而集中地表现新闻事实中最生动感人的部分，并造成立体感人效应效果者，都可谓为特写。显然，这是一种缘于真实的社会生活，借用于文学艺术而又有别于报告文学，有别于消息、通讯和文艺作品的新闻体裁，是文学艺术与新闻联姻、交叉融合的产物，是一种边缘性文体、描绘性新闻。较之消息，它更形象、生动、传神；较之通讯和报告文学，它更迅速、集中、洗练和鲜明突出。

需特别说明的是，在理解、认识新闻特写的含义时，还要注意将其与我国新闻学界创立的大特写区别开来，应当看到特写与现场短新闻、目击式新闻有近似处。大特写也称为长焦距、广角镜、长镜头，是兴起于上海新闻界、走红于全国的一种新闻报道方式和体裁，是一种抓住社会生活中的热点人物、事件或现象，以优美的文笔、新颖的手法对新闻事实做全方位、多侧面、深层次的报道，以给人鲜明突出、生动深刻的感受或印象的新闻报道体裁。它虽然在放大和再现的手法上与特写有一致性，但毕竟在选材和写作手法的总体效果和特色上有一定差异，其间最突出、根本的区别是题材的重大、全面性和对题材的广度深度开掘与全面揭示、深度把握上。

2. 新闻与社会学交叉融合的体裁

现场新闻、目击报道，看起来是两种不同的报道方式，人们也常常将这两种方式相提并论，作为不同的报道体裁来看待，并且认为二者的主要区别在于目击报道所涉及的对象带有很大的突发性、偶然性，是非预知的，其发生过程稍纵即逝，且多数是灾害性的；现场新闻所报道的多数是预期性的，事前所知的。就二者所涉及的内容、手法看没有什么大的区别，因而人们往往将其结合起来称为现场目击报道。因此，我们可以在一定程度上将二者看作一类体裁，指的也就是记者深入到正在发生的新闻事实现场，根据自己的亲自观察和切身参与、体验、感受而对事件的发生过程和情状所作的一种再现式的描绘性新闻报道。

客观地讲，现场新闻、目击报道这类报道事实上包含了三种情形。第一种是正在发生的实事的报道。记者所报道的与事实发生的时间是完全同步的，情景也完全一样。第二种是刚刚发生过的事实的报道，是记者对现场查勘后所作的对现场景况的报道。二者的主要区别点在于前者反映的主要是过程及相应情景，后者所反映的重在结果与现状；前者是动态的，后者主要是静态的。第三种是所报道的内容并非作者事中亲眼得见，而是再现的众多目击者的描述，这从内容上讲是现场过程性的，从采写时间上看是事后延时性的。但无论哪种情形，与一般消息不同的是，其写作重心均不在陈述发生了何事，而在于再现事实发生时的情景和气氛、感受和体验，需要强调突出的是事实发生的过程、情景和鲜活生动的现场感、画面感，要把读者、听众带进现场去看去听，造成那种如见其人、如闻其声、如在其里的立体感人效果。

3．新闻与现代传媒交叉融合的体裁

（1）电视新闻体裁。电视是与广播在功能作用、方式手段上有诸多相似点但又优于广播的传播媒介。广播仅仅有声音，只听得见，而电视声像同步。电视新闻由于多了看这样一个十分重要、神奇的感官刺激以及具有报道性、纪录性、即兴性、室内性，内容丰富、传播迅速、形象生动、线性流转、立体、广泛覆盖等特点而身价百倍。电视新闻的体式是多种多样的，有新闻报道、新闻调查、新闻专访、新闻评论等大的类别，也有消息、通讯、现场报道、现场直播、追踪报道、连续报道、解释性报道、分析性、综合性等不同体裁、形式、手法特点和价值功用的报道。有简明的，也有立体声，涉及各个行业、各条战线的报道；有软新闻，也有硬新闻。电视新闻已经成为一个新兴的、很有发展前景的专业门类。

（2）广播新闻体裁。广播是一个宽泛的概念。广义地讲，凡是通过无线电波、有线电讯向受众传播声音或图像节目的这种传播形式和手段，都可称为广播。狭义地讲，它可以因传播内容的差异而分成不同的类别，通过有线或无线电波电讯只传递声音不传递图像的叫电声广播，简称广播，这是狭义的广播。而既传播声音又传播图像的叫作电视广播，人们习惯地称之为电视。狭义的广播自创立至今已有近百年的历史，由于它具有传播速度快、范围广、听觉优先、形式多样、简明及时、亲切自然、亲和力、感染力强等诸多优点，因而发展很快，且体裁众多，为广大人民群众所喜闻乐见，其主要体式有录音报道、现场报道和广播评论等。

一是录音报道。录音报道是一种复合性的新闻报道形式，既包括记者所采取的新闻事件本身所具有的声音，如新闻人物的语言，新闻现场特定的环境音响，如车水马龙、机器轰鸣等，也包括记者采访当事人的谈话录音、报道词等，是一种经过选择、剪接、组合加工制作过程而生成的报道，具有明显的滞后性和选择性大的特点。录音报道的制作主要应注意两点：一是要善于选材，选取真实、典型、有价值意义且适合做录音报道的题材；二是做好技术处理，注意选择、剪辑、合成，并考虑音响效果。录音报道的常见方式有录音新闻（消息）、录音通讯、录音特写和录音专访等。

二是现场报道。现场报道是一种集观察、采访、解说、录音、报道于一体的复合性报道形式。其主要特色是记者集采编、采录、播报于一身，制作工序少，报道速度快，现场感强，时效性强，亲切感人。较之录音报道，现场报道不能事后进行，因而其现场感更佳，可谓及时可靠，真切感人，效果更好。现场报道的要求较高，首先是记者的综合素质要好，业务能力要强，目光要敏锐，反应要敏捷，表达要清晰、生动、流畅；要即兴选材，即兴构思、提问；要眼、耳、手、嘴、脑并用，看、想、说结合，随机应变信手拈来，出口成章。其次要做好充分的准备工作，事前要深入地分析研究，设计思考，掌握大量的第一手材料，形成清晰明快的思路和切实可行的方案，打有准备之仗，而不能仓促上阵，随机处置，甚至于临时抱佛脚，乱了方寸。最后是播报要准确、简明、生动、形象、感人。

三是广播评论。广播评论是一种与新闻评论无大的区别的新闻报道形式，因而在写作上与新闻评论的要求是基本一致的，所不同的主要在于它是借助声音、广播来分析评判事物，表明作者立场观点、看法主张的，因而写作时要注意满足广播类报道写作的总体要求，注重语言表述的准确、简明、通俗性和感染力。

（3）网络新闻体裁。网络新闻体裁是一种利用网络与计算机技术来制作、发布和传递信息的新兴报道形式。它以文字、网络形象出现并以文字报道为主，但又不同于广播电视和报纸报道。较之电视新闻，它的相当一部分少了声音和活动画面，缺乏现场感，不及电视新闻生动形象感人；较之广播，虽然有了图像，但很多只是一种辅助性的静态的平面辅助，且少了声音，不及广播那样悦耳动听并具有现场气氛和语言上的感染力；较之报刊新闻，虽以文字和图像为报道形式，却又迅速、及时得多。就体裁样式而言，网络新闻与报刊新闻又是基本一致的。总体而言，网络新闻较之广播、电视、报刊新闻有如下差异：

一是作者不同。广播、电视、报刊新闻的作者大多为专职记者，网络新闻则多为社会各界人士，他们或为专业工作者，或为网络爱好者，当然也有新闻专业工作者。

二是内容风格有异。广播、电视、报刊新闻的管理是相对严格的，有特定的程序和管理机关，内容是经过筛选、审查的，即使在西方国家也是如此，因而相对严肃、庄重些，网络新闻虽则大部分如此，但有相当多的内容不是这样，因而社会新闻（软新闻）多一些，有的甚至格调低下，显得灰暗和庸俗。

三是范围更加广泛，内容更丰富。网络新闻的内容既包容了广播、电视、报刊的重大新闻，又有这些媒体记者所不能、不便采写的新闻，内容较为丰富，也更具吸引力、诱惑力。

四是时效性更强。网络新闻不受时空制约，不需要很高的设备制作技术和成本，不需要团队协作，只要有网络条件就可以制发，这是其他媒介无法比拟的，也是网络新闻迅速崛起和流行的根本原因。

五、新闻语言要求及特色

新闻语言是新闻的表现载体，而新闻是一种特殊的文体，作为载体的新闻语言也有着特殊的要求。通俗、具体、准确、简明是其最基本的要求，同时，还要保持新闻的时代感和大众化特色，切忌出现空洞模糊、语言暴力、媚俗性、歧视性等现象。

（一）新闻语言的要求

1. 通俗

新闻报道是为了让广大群众知晓世界最新发生的变动和事实，这就要求新闻语言必须通俗易懂，是大家喜闻乐见、可以接受的表达。通俗易懂的语言才能为大家理解和接受，从而产生良好的传播效果。而要做到新闻语言的通俗易懂，要从以下三个方面着手：

（1）在选用词汇时，要用大众熟悉的词语，尽量避免生疏词汇的出现，不滥用方言。新闻语言的表达越通俗越好，要运用那些受众看得明白、看得懂的词句，不需要太多高雅华丽的辞藻。如果在一篇报道中出现诸多生僻词，会严重影响传播效果。另外，报纸面对的是广大的受众，目前受众最广泛的语言共识是普通话，在新闻语言运用中，记者要尽可能地使用共识语言，谨慎使用方言。在新闻语言的报道中要充分考虑最广泛的受众，使用熟知的词汇，慎用方言，以达到最好的传播效果。

（2）吸收并采用大众化、新鲜生动的语言。大众的语言，是口口相传出来的生活化的生动的语言，为群众所喜闻乐见，也有很强的亲切感。因此，恰当地使用大众语言可以使报道更加通俗、更容易被接受。

（3）巧妙地处理好术语和行话的使用。在做经济、法律、科学类的新闻报道或行业报道时，会涉及术语和行话的使用问题。记者遇到此情况，应该尽量少用专业术语和行话，要对其进行通俗的解释和说明，让大众明白所说何事。

2. 具体

具体是指新闻报道时用客观精准的语言将新闻事件的5个"W"〔何时（when）、何地（where）、何事（what）、何因（why）、何人（who）〕具体展示出来，把事情的真实状况原原本本地呈现给受众。要实现具体，必须注意以下三点：

（1）具体不是抽象。在新闻报道中，抽象化的语言不会给读者留下太多印象。在现实中许多报道都含有这样的语言，如"……现场成了一片欢乐的海洋……""……在世界范围内处于领先水平，规模空前……""……掌声经久不息……"等，这样的语言没有实质性的东西支撑，苍白无力。但细致的描述更能给读者留下深刻的印象。因此，在新闻写作中，记者要尽量化抽象的词汇为具体的白描。

（2）具体不是空洞。新闻报道是记录事实的，因此在做报道时，应该改变报道思路，寻找具体的人或事来作为阐述的载体，而不是借助空洞的语言进行空洞的说教。

（3）具体不是概括。在新闻报道中，记者应该多运用具体概念，而不是模糊词汇。首先，要多用子概念，少用母概念。子概念往往比母概念更具体、更形象。其次，要把概括的数字变为可感知的东西。

3．准确

在大众传播前所未有地深入我们生活的情况下，重视对新闻语言准确性的研究，是新闻传播研究视角拓展的需要，更是新闻传播实践的需要。关于新闻语言准确性的内涵，传统的理解大致是这样的：在时间、空间、形态、色彩等方面，语言的能指与客观事物之间高度吻合；对事物属性、特征——"质"的判断尽可能没有偏差；对事物的数量、程度——"量"的把握精确无误；尽力排除模糊概念或以偏概全；慎用可能产生歧义的词语。

然而，在新的时期，我们对新闻语言准确性的认识应该结合更多的因素。首先，新闻语言的准确性与时代息息相关。不同时代的社会生活、不同的传播环境和传播手段都会使人们对新闻语言的准确性产生不同的理解及要求。其次，报道对象会影响新闻语言的准确性。比如，新闻报道的是新事物、新概念，报道时就必须采用能够表达这些新事物、新概念的新词语，不能如此就没有准确性可言。另外，服务对象也会影响新闻语言的准确性。新闻语言不仅要写出新闻事实的本来面目和状态，写出作者对新闻事实的感觉、认识和情感，还要根据不同的受众需要，选择恰当的表达方式满足不同受众的合理要求。比如，服务对象是广大受众，展示新闻就必须用能被广大受众理解和接受的语言。

基于以上对新闻语言准确性的理解，我们在具体的实际操作中，应该做到以下三点：

（1）使用最恰当的词句。在报道中，用词要贴切恰当，注意词义差别和色彩，不要生造词语，也不要滥用词语，词句要符合事实和客观实际，实事求是地反映客观实际。

（2）多用动词，少用形容词。形容词多带有感情色彩，往往容易使人对新闻产生疑虑和排斥，如"巨大的进步""极大的鼓舞""深刻的教训"等往往被读者斥为"大话""空话"。动词则简洁传神，使人不感到枯燥。巧用动词，可以使事件鲜活形象地传递给受众。

（3）语言的得体还要注意语法规范，讲究逻辑。新闻报道要立言得体，句子所反映的事理要合乎逻辑，成分要完整，词语搭配要恰当。新闻报道的文体很多，用语要符合文体要求，落笔之时要有分寸感，还要符合一定时代标准的语言规范并富有时代气息。新闻语言以准确为核心，因此，新闻界历来把准确、准确、再准确奉为新闻创作的标准。

4．简明

简明是新闻语言的一大特色，也是对一切新闻体裁的要求。简洁明快的风格，在新闻报道中随处可见。随着人们生活节奏的加快，新闻语言更应该向简洁明快的方向发展。我们在使用新闻语言时，要尽量简洁明了：一是要直接写事实；二是要删除多余的字、词、句；三是要突出要言。简洁是一种语言艺术，简洁的文字有着穿透读者心胸的力量，它常常是记者各种水平的综合反映，也标志着一种责任感。新闻报道语言的简洁明了，不但是对新闻本身的负责，更是对受众新闻阅视的负责。

（二）新闻语言的特色

新闻语言是语言的一种，同文学语言一样，也有着自己的特色。新闻是时代和社会发展变化的记录者，不同的时期会在新闻报道中烙下不同的时代烙印，这使新闻语言具有时代特色；在传播过程中，新闻的接受者是社会中的广大群众，新闻存在就是为了满足不同群众的信息需求，这又使新闻语言自然地显现着大众化的特色。因此，在新闻报道中，我们应该保持新闻语言的时代感和大众化特色。

1. 保持时代感特色

新闻是时代和社会生活的产物，是站在时代前列，并与时代脉搏息息相关的一种文体，其捕捉和记录的就是时代最新的动态，而新闻语言是新闻被记录和传播的载体。因此，新闻语言往往充满着时代的气息，具有鲜明的时代感，其主要体现在以下方面：

（1）随着社会的发展和时代的进步，新事物不断出现，这些新事物、新概念要用新的词语来表达，于是在社会发展过程中，便有新的词语不断地产生，如，人工智能、智慧农业、智慧交通、智慧医疗、工业互联网、区块链、物联网等。这些词本身就是时代的产物，带有强烈的时代性，新闻写作中恰当地使用新词便会呈现出时代特征。

（2）在语言的三要素中，词汇是随时代变化最快的，因而表现出强烈的时代性。词汇的变化和发展不仅表现在新词语的产生上，原有词词义的变化与扩展也是重要内容。

（3）语言风格是指运用语言时表现出的个性、特色，不仅因人而异，也因时代而异。同一时代的新闻，在语言风格上常有相同或相近的地方。不同时代的新闻，在语言风格上又往往存在差异，这体现着新闻语言的时代性。与消息相比，通讯在表达方法上有自己的特点，所以，新闻语言风格的时代性主要体现在通讯上。第一，要尽力寻找有时代特色的字眼。一方面，要尽量使用有表现力、有感染力的词句；另一方面，也要注意引用采访对象那些机智的、富有时代特色的语言。第二，句式不能太长，最好长短句搭配，这样容易产生节奏感，产生生动的效果。同时注意刻画富有特色的细节，多用动词。多用动词易给人以动感，连续使用可以展示一幅幅生动的现场画面，产生较大的感染力。新闻的可读性就来自新闻报道满足了受众的阅读期待，来自新闻报道的内容、形式与受众需求、兴趣、欲望的契合程度。可见，新闻是否具有可读性，与新闻语言是否有时代气息相关。新闻工作者应站在时代的前列，考虑受众的需要，使新闻语言在讲究准确、规范、得体的同时，富有时代特色，永远保持鲜活。

2. 保持大众化特色

新闻属于大众传媒的范畴，因此新闻的受众是十分广泛的，社会不同层面、不同战线的人们每天通过各种不同的媒介来了解大量的新闻。而新闻语言是新闻的载体，新闻若要最大限度地满足最广泛的受众的需求，新闻语言就要像一种调料，因此必须具备大众化特色。

（1）新闻语言应该是易读性的语言。新闻语言要具有大众化特色，必须具备易读性特点，即新闻语言必须具备让人容易理解的特性。对新闻语言来说，易读性指新闻信息的承载符号被受众阅读和理解的速度。在大众传媒走向市场、接受市场经济规律约束、直面受众选择的今天，新闻语言的易读性问题应该越来越引起传媒的重视，如此才能适应信息爆炸的时代受众轻松快捷的阅读心理。但大多数媒体在讲求客观真实传播新闻信息的同时，往往忽视新闻语言的易读性要求。特别是当新闻信息联系的是政府的政策法规与人民群众利益的时候，媒体出于各种原因，仅仅是照搬文件，而没有立足受众的阅读需求，没有考虑到受众由于受教育程度和文化修养的不同而导致的信息接收理解能力的不同，没有对新闻信息进行合理的再加工，而制作出不易读的文件新闻，最终带来信息传递的失败，影响服务机构和被服务对象的沟通。因此，新闻信息在准确传达的同时，还要照顾到受众的理解接受能力。新闻语言不仅应该是准确的，更应该易读、易懂、不晦涩、不深奥、不拗口。

（2）新闻语言应该是生活化的语言。新闻写作的唯一目的是向受众传递信息。因此，受众的理解接受能力是制约新闻语言的唯一标准。受众因为各自的性别、年龄、身份、地位、背景等因素，存在着阅读差距。无视受众的这种差别，过高或者过低地估计受众的阅读能力都是对受众的不尊重、不负责。而唯有来源于生活、反映生活的语言表达才是符合全体受众要求的。新闻语言要具备生活化的色彩，就要求新闻工作者深入社会人群中去，通过交流沟通，了解人民在想什么、关注什么、对什么感兴趣、想要了解什么，真正做到以受众为本，想受众之所想，体现受众的心声。

（3）新闻语言也应该是讲究艺术美的语言。对于新闻传播媒体而言，不仅要让受众从新闻信息中获取精神的满足，而且要让受众从新闻语言中得到精神的愉悦。新闻语言的艺术美有其独特的要求，它不似文学语言那样，可以极致地夸张和尽情地修饰。只有经过认真的推敲，才能使新闻语言在真实中体现生动，在凝练中体现传神，在朴素中体现高雅。

第二节　新闻写作的要求与原则

新闻写作主要是指对即将发生、正在发生或者已经发生的社会事件进行真实有效的报道，从而引导人民群众能够对新闻事件有一个更加全面正确的认识，进一步提高新闻事件的传播范围和积极影响。

一、新闻写作的基本要求

（一）真实性

新闻真实性指的是新闻报道中的每一个具体事实必须合乎客观实际。新闻真实性表现在新闻报道中的"5W"——时间（When）、地点（Where）、事件（What）、人物（Who）、原因（Why），都能经得起检验。新闻失实往往是"5W"的部分不真实。

真实性之所以是新闻的生命，主要体现在三个方面：首先，真实性是新闻得以存在的根基。在事实跟新闻之间，是先有事实，再有新闻，新闻是对事实的报道结果。如果再进一步扩大范围，整个新闻学实质上也是建立在真实这个基础之上的，如果缺乏真实，新闻学就如同空中楼阁般虚无缥缈。所以，无论时代如何变迁，新闻理念如何更新，新闻对真实性的要求是亘古不变的。其次，真实性是传媒取信于受众的根本。新闻以传播信息为首要目标，如果传递的信息是虚假的，那么这个传播过程就是无效的，甚至是有害的。最后，如果没有真实性作为基础，所有的新闻写作方法与技巧都是无稽之谈。

要保证新闻的真实性，除了"5W"要素都要准确无误外，还需要注意以下几点。

1. 新闻采写的对象必须确有其事、确有其人

新闻采写的对象必须确有其事、确有其人，这是确保新闻真实性的基础与根本所在。在每年涌现的虚假新闻中，追根溯源就会发现，之所以出现假新闻，往往是因为记者捕风捉影、拼拼凑凑而使假新闻成为"事实"，甚至是完全的凭空捏造。如果不杜绝此类现象，假新闻依然会源源不断地产生。

2. 要交代新闻来源

新闻采写的对象必须确有其人，还表现在对新闻来源的交代上。在我们每天接触的新闻信息中，不乏诸如"有关人士说……""一位权威人士指出……""一位不愿透露姓名的人士告诉记者……"等不透露新闻来源的新闻。这样使得采访对象模模糊糊，使人不免产生怀疑。一般认为，新闻媒介的重要目标是向受众提供新闻报道，这不仅是要指出提供新闻事实，而且要指出这些新闻事实由谁提供、从何而来，这是新闻规范的问题。所以，除却特殊情况，例如涉及国家、相关机构或个人的秘密，法律不允许公开的以及调查性报道出于对信息提供者的保护等情况下，记者要尽量详细地交代新闻来源。如果记者明白在新闻报道中交代新闻来源的重要性，那么对他在获取新闻来源以及新闻写作过程中都将大有裨益：它警醒记者不能弄虚作假，时刻保持清醒的头脑，要对受众负责，也是对自己负责。即使迫于其他原因不得不使用"有关人士说"，写出的新闻报道也是最大化的准确、公正和客观，对维护新闻专业主义，维护媒体形象，保护新闻真实性都是极为重要的。

3. 避免记者的主观臆测和"合理想象"

在新闻报道中，记者在一些言语中掺入自己的想象，这主要体现在对人物心理活动的描写上。最典型的案例莫过于战地通讯《马特洛索夫式的英雄黄继光》，其中诸如"他从极度的疼痛中醒来了。他每一次轻

微的呼吸都会引起胸膛剧烈的疼痛""黄继光又醒过来了，这不是敌人的机枪把他吵醒的，而是为了胜利而战斗的强烈意志把他唤醒了"，这些都是作者"合理想象"出来的。新闻不是文学，新闻的真实性与文学的真实性大不相同。文学允许塑造，新闻则不能进行虚构描述，这样才能维护新闻的真实性。

4. 要基于事实提炼观点，而非观点先入

媒体不深入挖掘新闻事实的真相与本质，而是按照自己的观点先入为主，不仅大大损害新闻的真实性，也使得其产生不良的社会效果，给社会风气造成负面影响。要改变这些现象，就要从根本上铲除媒体的观点先大，媒体要基于事实提炼观点，并且在事实准确的基础上追求本质真实。

5. 要把现象真实与本质真实、局部真实与整体真实协调统一起来

在日常生活中，有些真实只属于表象真实，不能准确地概括出具体事实的全貌，不能代替本质真实。在一些新闻报道中，容易把一种现象真实曲解为本质真实，从而出现新闻失实。因此，在写这样的新闻报道时，如果不想只停留在就事论事的层面，就需要认真调查，得出科学的结论。此外，如果不能很好地区别局部真实与整体真实，也会使新闻失实。因为在新闻报道过程中，既有个体真实，也有总体真实，即要处理好局部与整体的关系。但它们之间往往呈现复杂的关系，如果把并不能代表整体的局部事实夸大，整体真实势必会受到扭曲。例如媒体在对医患关系的报道上，每当一起医患矛盾事件发生后，媒体通常一拥而上，连篇累牍地进行大篇幅、高强度的报道，致使社会舆论把对医生的负面评价夸大，甚至形成刻板效应。虽然每起案件都是真实发生的，但这不是常态，只是局部真实，而媒体对医患矛盾的过度报道使得人们产生这是普遍存在的幻觉，把局部真实当作整体真实来看。这样的结果使得医患矛盾更加尖锐，既不利于医患矛盾的解决，又增加了社会的担忧与恐慌。因此，在面对类似的报道时，媒体要在量上掌握好度，不要肆意渲染，更不能夸大其词、捕风捉影，不要把一种现象放在整个社会的体系中去评价，而要做到适可而止。

6. 把真与诚作为检验新闻语言真实性的标准

首先，诚是一个具有明显情感色彩的道德概念。诚是中国儒家思想的中心，它最初的意思是指在人际交往中人言之真实不欺。《孟子》中较多地议论诚，《孟子·离娄上》说："悦亲有道，反身不诚，不悦于亲矣。诚身有道，不明乎善，不诚其身矣。是故诚者，天之道也；思诚者，人之道也。至诚而不动者，未之有也；不诚，未有能动者也。"《孟子·尽心上》又说："万物皆备于我，反身而诚，乐莫大焉。"这里的"诚"已不单指人言的真实不欺，而是指使亲长愉悦的语言、行为等情感表现的真实不欺，是与"悦"这一情感相联系的，显然具有情感色彩。虽然后来中国儒学"诚"的概念依照天人合一的思维模式，逐渐被提升、泛化，但是它仍然没有脱离其真心实意的本意，仍是具有明显情感色彩的道德概念。

其次，诚也强调发自内心的真情质朴的行为。《孟子》说"反身不诚"与"反身而诚"，这里所说的"反身"，主要讲的是向内反求诸己，从而强调诚应是发自内心的自省行为。诚不仅是我们历来的优秀文化，也是我们衡量自身的道德标准；不仅是一个具有明显情感色彩的道德概念，也是强调行为要求的准则。因而，我们可以把真与诚作为对新闻语言真实性的一个检验标准。维护新闻的真实性也是新闻工作者应遵守的职业道德之一。要保证新闻的真实性，新闻工作者还需要把握好局部真实与整体真实的关系，不能以点带面，以偏概全，新闻报道中引用的资料、数据等必须是准确无误的。新闻真实也并非有闻必录，记者要善于分析、善于取舍。新闻报道应以有利于社会的文明和进步为标准。

随着科学技术的飞速发展，微博及论坛的崛起，越来越多的记者从微博、论坛上寻找新闻源，有时直接引用用户上传的内容进行新闻报道。但网络和微博上的信息纷扰复杂，存在大量虚假信息，而这些虚假信息往往被包装得栩栩如生，新闻的"5W"要素俱全。这些信息有时会欺骗记者的眼睛，以致把它们误认为新闻来源，从而产生假新闻。这就要求传统媒体对网络和微博信息加以甄别，进行核实，坚持新闻专业主义的立场，从而确保新闻真实性不因外界环境的变化而受到挑战和影响。

（二）准确性

新闻报道的准确性是指新闻报道能够严格地符合事实或真实情况。新闻报道如果不准确，不仅会影响新闻媒介的公信力，而且会影响新闻媒介传递信息以及进行舆论监督的作用。新闻的准确性主要体现在叙事能力上。叙事方式和叙事技巧对是否准确报道新闻起着很重要的作用。

1. 对新闻语言的阐述要准确

在一些新闻报道中，一些词句概念不明确、模棱两可，对事物的判断不恰当以及推理时的逻辑不清，都属于新闻语言上的不精准。这些对于一篇报道来说，其重要性不容忽视，它会给受众理解新闻信息带来困难，甚至是偏差。因此，新闻的准确性在细节上，也体现为新闻语言的准确。例如，在法制新闻中，涉及监护关系的案件，"孩子"只能以"被监护人"称之；在法院判决生效前，对公安、检察机关处理的人要用"犯罪嫌疑人"的称谓，不可用"罪犯"等。

2. 对新闻事实的表述要准确

既不夸大，也不缩小，更不能以想象代替事实。这是新闻写作最基本的要求。很多报道正是因为在新闻事实的表述上有渲染和夸张成分，才导致新闻报道不真实。

3. 对新闻事件过程和结果的表述要准确

这表现在对新闻事件过程的报道上追求完整、全面，在涉及根本立场、政策、方针时，要利用唯物辩证法加以审视，并且紧扣大局和国家利益，做出正确的推理和判断。对于一些一时暂且无法定性的事件，在结尾表述时要留有余地，不能说得太满而让后续报道处于尴尬的境地。

4. 尽可能不用或少用修辞格

这里的修辞格主要指比喻和夸张。因为新闻是纪实的文本，为使新闻语言尽可能准确，比喻、夸张等修辞手法应尽可能少用或不用，而且这并不妨碍记者的文字表达。对于新闻报道来说，它的主要目的就是用尽可能简洁、准确的语言传达出事实最重要的部分，如果使用比喻或夸张，可能会使事实产生偏差。

5．新闻的配图等辅助信息要准确

在现在的新闻制作中，为了给受众阅读带来便利，越来越多地配置模拟现场图画、资料图片，还有针对网络新闻的 3D 动画制作。例如2011 年，腾讯新闻网就针对"嫦娥二号"奔月制作了"嫦娥二号全程三维模拟"动画，让人身临其境般地观看到"嫦娥二号"从发射塔上点火升空到返回地球的全过程。但是前插入之后，我国登月计划和天宫号空间站的发展，均运用了这种方式进行报道。

由于配置这样的图片或动画需要涉及很多领域的知识，稍不注意，就会产生差错。

此外，新闻准确性要求记者具有娴熟的叙事能力，不断丰富语言知识库，提高新闻业务能力。

（三）时效性

新闻的时效性是指新闻报道产生应有社会效果的时间限度，也就是说在什么时间范围内，新闻才会达到传播效果，才会产生价值。

新闻讲究时效性。时效性是衡量新闻价值的重要依据，是决定一条新闻是否有价值的重要因素。报道没有时效性就不是有价值的新闻，这就是所谓的新闻的"新"，"新"就是"新近"之意，就是"刚刚发生或正在进行"之意，不新不成新闻。

1．要有倚马可待的快速出稿能力

时效性在一些事件性新闻中起着决定性作用，如突发事件等。有时，失去时效性甚至可能丧失话语权。客观事实的发生和受众接受新闻之间的时间差距越短越好。

媒体在最短的时间内做好重大新闻事件的报道，体现新闻的时效性、越来越成为市场化经营环境中媒体竞争的重点。记者可通过以下途径提升自己的写作能力：

（1）采访前对采访对象进行一定的了解，并且对每一次的采访经历进行总结，为下一次的采访积累经验。

（2）学会和养成打腹稿的习惯，在采访过程中就能够根据采访到的信息酝酿稿件写作，并且这样能够对采访起到反馈作用，记者察觉到信息点的疏漏，可以立即弥补。

（3）能够集中精力，具有不受外界干扰的写作能力，即使是在嘈杂的环境下也能迅速地投入到写作中。

（4）熟练掌握各种新闻文本的写作技巧，平时注重积累相关素材，这样在写稿过程中就可以信手拈来。

2．新闻的时效性既包含时新性，又包含时宜性

时新性是指要抢时间发稿，稿件的内容是对最新的事件的报道；时宜性则是指要选择恰当的新闻时机，掌握火候，趁热打铁。对于涉及国家和人民利益的重大决策或问题，若时机不成熟，尚处于保密阶段，如果只是一味地追求新闻时效性而抢发，势必带来不良影响甚至重大损失。一般来说，一条好的新闻必须具备时新性和时宜性，两者缺一不可。

例如，当全国"两会"讨论到人民关注的某个重大问题时，媒体也可抓住时机，深入社会实际进行采访，介绍这一问题的具体情况，进行配合性报道。强调新闻报道的时效性，不是不顾一切，唯快是好，而是说选择恰当的时机极为重要，有些稿件由于考虑到政治因素或者社会效应，不适宜立即发表，就需要压一压。

3．在追求新闻时效性的同时还要注意准确，不因快而失实

在当代社会，一些媒体为了最大化地追求新闻时效性，让社会共同关注的热点问题在最短时间内到达受众，放松了对新闻真实性的核查，因此出现了虚假新闻。为了一味地追求新闻时效性而放弃对新闻真实性的把关，无异于饮鸩止渴，得不偿失。

为了达到时效性与真实性的协调统一，在一些重要消息还没有得到证实、一些新闻的重要内容还没有核实清楚的情况下，不能急于发稿。

此外，记者还应当在报道写作时留有余地，将还存在疑点的内容指出，并表明将在后续的报道中给予说明。在现在的媒体操作中，比较多地采用连续性报道这一形式，使得事情能够逐步真实地展现在读者面前，从而避免一次性报道带来的片面性和偏差。除此之外，新闻时效性还需要合理把握。不同类型的新闻，其时效性的侧重点不一样。对国内外所关注的重大新闻事件，特别是突发事件，应朝着现场直播的同步报道上努力。

二、新闻写作的原则

（一）客观

新闻的客观性指新闻事实不依人的主观意志而改变的基本特性，新闻传播者在从事新闻报道时，要尊重事实，如实地反映事实的本来面目。新闻客观性的目的是使有理性的读者更便于发现真相。新闻的客观性是新闻最重要的专业概念之一。客观性是新闻报道做到真实、全面、准确的前提条件，只有客观，才能接近事实。

1. 根据事实来描述事实

用事实说话是最好的新闻表达手法，根据事实来描述事实是新闻用事实说话得以实现的根本途径，通常可以通过下面几个方法实现：

（1）用当事人的话语增加新闻真实的分量。"根据事实来描述事实"中的第一个"事实"要能最大化地凸显事实本来面目，就需要新闻当事人的语言。新闻中，人是最主要的因素，对于新闻事件来说，新闻当事人的话语最能体现新闻真实的一面。

（2）用数据让事实更加确凿。事实是新闻的生命，而数据恰到好处的使用能够让事实更加容易被信服，能够让新闻更加准确可信，具有说服力。

2. 理性展现事实

新闻报道要做到客观性是很难的，也是自相矛盾的，因为从根本上说，人们要报道什么事情，这本身就是思想的产物，必然会有报道者智力的介入，因而也就必然包含个人的系数在内。报道者不可避免地把自己摆到他所描述的情景之中，不仅表现在他自己的参与上，而且表现在他对事实的连续性的剪裁和他所采用的形式上。

新闻客观性包含着动态地呈现客观事实的理性过程，除了准确、公正、多面地报道之外，还要深入事实，理性地报道出真相。

（1）谈话性属于讲述，新闻报道要展现事实。

新闻客观性原则体现在新闻报道中的核心问题是如何展现事实。用事实说话是中国新闻界过去较有代表性的一种观点。报道事实的目的是说话。这里有两点必须弄清楚：第一，什么是说话；第二，报道事实是否为了说话。说话，《现代汉语词典》的解释至少包含三个意思：用语言表达意思；闲谈；指责。三个意思归纳起来就是"表达意见"。如果说报道事实的目的是说话，一方面我们可以这样理解，记者为了表达意见去报道新闻，若这样，就不大符合新闻传播的一般规律。新闻传播的一般规律应该是不带任何主观意图地传递客观信息，如果掺杂了个人意图，记者可以按照自己的想法随意选择事实，信息可能不够准确客观。20世纪70年代以前的不少新闻报道即是如此，如"千斤种子万斤粮""到处莺歌燕舞"等。另一方面，我们也可以解释为事实本身包含着意见，也就是说意见来源于事实，有什么样的事实，就会有相应的意见。只是这种解释回避不了说话二字，说话就是要表达意见，是主动的，是目的，而新闻报道的本质是传播事实。按照哲学观点，事实总是大于观点。一个事实可以有多种看法，问题不在于事实本身，而在于从何种角度去解读事实。新闻能用事实说话，带有解读新闻性质的述评性、谈话性、评论性节目等就是用事实说话，让媒体和记者说话，诸如中央电视台的《新闻调查》《焦点访谈》等。

消息写作不能理解为按照说话的目的去选择事实。消息报道的目的在于展现事实。展现是报道事实的最佳方法。展现就是表现的意思，也是我们常说的白描。白描即以质朴的文字抓住对象的特征，不加渲染，淡淡几笔简明生动地勾画出事物的形貌。从形式上看，白描和叙述没有多大区别，常常浑然一体，因此也有人说白描就是叙述与描写的高度融合。白描通常不设喻，少修饰，只是以质朴的文字抓住对象的特征，淡淡几笔，简明生动地勾画出形象来。过去中国新闻界把叙述与白描分得很清楚，原因之一可能是认为白描只在文学作品中运用，这是一种误解。白描在文学中是一种表达方式，它强调不加渲染地勾画出事物的特征和形貌。在新闻写作中同样可以运用这种表达方式，以达到很好地描绘新闻事件的效果。因为新闻的事实不是虚构的事实，是社会上发生的真实的事实。白描最能再现新闻现场的事实。

新闻的基本规律决定新闻报道风格要平实，记者的情感和看法应藏而不露。

（2）讲述出来的新闻，容易让主观扭曲事实。

《××××报》××××年×月××日的一篇深度报道《女服务员与×××官员的致命邂逅》自发表后就遭遇争议。记者以小说笔法来写这篇深度新闻报道，使邓××案蒙上一层诡异的色彩，使报道倾向于悬疑小说。报道中大量的细节渲染，盖过了事件本身的矛盾冲突，使新闻报道背离客观。本来是一个惨烈的事实，但标题中使用了"邂逅"一词，也让一些读者难以接受。此外，在这篇报道中，记者没有对医院的相关医护人员和派出所的有关人员进行采访，也没有对死者×××的同事进行采访，更没有对保管死者尸体的地方的工作人员和法医进行走访，甚至没有对涉案本人进行采访，这有悖于新闻报道在事实材料方面所要求的客观和平衡的原则。调查性报道同时是一个求证事实真相的过程，记者是真实信息的搜索者，在展现自己的调查结果时需要将理性的判断建立在对事实逻辑清晰全面的阐述上，不能先入为主，将自己的主观判断甚至是臆想强加在事实之上。记者不能试图用自己的视角和理解来看待整个事件，而应尊重事实，尽可能客观地呈现事实，否则会给读者留下质疑的空间。

3. 要抓住事实的全部和内在联系

事实是新闻的本源，新闻真实首先要求事实必须真实，如果事实本身就是虚假的，那么所谓的新闻真实只能是空中楼阁。但新闻事实是否虚假，有时不能一下子看出来，它们透露出的表象有时会蒙蔽记者的眼睛，因为现象真实与本质真实二者时而统一，时而分离。例如一个事件当前看是完全成立的，但随着事态的发展，之前的成立会被推翻。如果不是从事情全部总和，不是从联系中去掌握事实，那么写出的报道势必会产生偏颇。因此，在进行报道活动时，需要注意两点：一是必须把最本质的事实揭示出来，把一事物与其他事物的关系以及其在整个事物中所占的地位正确地反映出来；二是只是客观地反映过程中的每一个事实，不轻易下结论，更不能给事情定性，尽可能为以后的报道留有余地。

此外，新闻报道要抓住事实的全部和内在联系，还体现在逐步地揭示全貌上。根据马克思主义新闻观中的"报刊有机运动"理论，新闻报道客观性的实现还应该是一个有机运动的过程，每个阶段的报道由于侧重面不同，单独看起来可能存在偏差和片面性，但当媒体不断推进报道，事实的真相就会逐步显现出来，即从时间发展顺序的维度为受众逐步呈现出客观世界的本来面貌。

4．认清客观性与倾向性的关系

新闻报道作为意识形态领域的一部分，总是和社会的政治、经济生活紧密相连，并且新闻报道作为人的活动，记者在选材和对客观事实的选择过程中，总会有自己的价值取向，在写稿过程中，记者对事物的立场也会渗透于报道之中。

新闻的倾向性主要是指新闻工作者对客观事实的态度在新闻中的反映，其中包含着记者或者媒体的立场和观点。新闻倾向性的出现是必然的。除了记者的主观能动性，必须服务于政党，为其利益服务，这就决定了新闻事业自觉或不自觉地反映本阶级的愿望和要求，传播本阶级的思想和意志。此外，新闻工作者的个人情况是千差万别的，由于文化修养、社会阅历等的不同，他们在新闻选择和写作角度上表现出各自的倾向性，这也是对于同一个新闻，不同媒体的报道会有差异的原因。

说新闻客观性是重要的，新闻倾向性又是必然的，并不意味着它们互相矛盾、互相排斥，因为新闻的客观性在于所报道的新闻内容是否属实、报道是否全面而公正。同时，客观性强调的是一种方法，是指媒体与记者应当在此基础上持有独立和中立的立场，正确定位自身的角色。而新闻的倾向性是指不同记者对新闻事实的不同态度和不同媒体对同一新闻事实的立场。从这个层面上来看，新闻报道中的事实并不等于客观事实，因为它经过记者头脑的认识，读者只是对其认识结果进行接收。也正是因为记者的介入，纯客观的报道是很难做到的。

因此，新闻工作者必须充分尊重客观事实，并通过文字或者图片等努力还原客观事实，不能为了某种需要而给客观事物附加一些东西，来歪曲事实、改造事实，这既是对事实的尊重，也是对读者的尊重。客观性原则也并非要求新闻报道者要恪守纯粹的客观主义，实现百分之百的事实原貌呈现，这是不现实的，也是不科学的。新闻客观性是一种相对而言的客观性，绝对意义上的客观性是无法实现的。但媒体报道得不偏不倚，在操作手法上把事实和观点分开，不在新闻中穿插意见也是一个不容妥协的原则。因此，新闻工作者能够求真务实，报实情讲真话，新闻媒体能够树立主流意识，拥有大局观，新闻的客观性将得以最大化展现，新闻倾向性不至于放任自流，两者达到最好的协调，新闻的客观性也将达到最大化呈现。

（二）平衡

平衡报道理论是西方新闻界普遍遵循的一项基本原则。那么什么是平衡报道？下面列举两个比较有代表性的观点：其一，必须把矛盾各方方面面都呈现出来（吴小坤，2018）。其二，新闻报道平衡，就是在突出报道一种主要因素时，还要顾及其他因素，特别是相反的因素；在突出报道一种主要意见时，还要注意点出其他意见，特别是相反的意见（陈力丹，2012）。

从这两个观点中我们可以知道，平衡报道即尽可能给每一方说话的机会。除此之外，我们还认为，平衡报道不仅包括新闻报道中的不同意见和观点的平衡，还包括新闻来源的平衡，即新闻信息获取的手段、途径要平衡。在新闻写作中要不偏不倚地呈现不同方甚至对立方的观点和话语，尽量达到报道的公正和客观。

1. 新闻来源的平衡

例如上一小节中提到的邓××案，记者没有对医院的相关医护人员和派出所的有关人员进行采访，也没有对死者×××的同事进行采访，更没有对保管死者尸体的地方的工作人员和法医进行走访，甚至没有对邓××本人进行采访，这就是在新闻来源的平衡上的失守。此外，记者采访邓××的朋友和亲属，没有采访其本人。这些采访对象对当事人的主观印象本身并不足以代表当事人的特征，不能发出当事人的声音，报道的真实性从何谈起？新闻报道的平衡性很容易在新闻生产的最初环节即选择事实和观点时，由于偏颇而遭到破坏，那么，要从源头上把握新闻报道的平衡就需要记者获取最直接、最主要、最能反映事情本来面目的事实，即使不能获得事件当事人提供的信息，也需要保持谨慎的态度，厘清信息提供者与当事人的利益关系，基于掌握的事实进行判断，再基于冷静理性的推理，去选择和拿捏事实，把握事实选择的平衡性。

2. 报道对象的平衡

报道对象的平衡要求记者和媒体站在公正的立场上讲话，不向任何一方倾斜，不偏袒任何一方。特别是有争议和涉及双方对抗性利益的时候，记者更应该如实地报道各方面的不同意见，不能支持一方、压倒一方。记者和媒体不是司法机关，只是负责向各方提供新闻事实，至于谁是谁非应该由司法机关或权威机构下结论。

××电视台关于李启铭校园车祸案的报道就是明显的一例：2010年10月22日，××电视台××栏目对河北大学校园车祸案做了后续独家专访，肇事者李启铭的父亲李刚现身道歉。节目一开始播放了关押在保定市公安局的犯罪嫌疑人李启铭痛哭流涕的镜头，并打出字幕：肇事司机李启铭万分自责，深表歉意。随后，记者采访了李启铭的父亲李刚。李刚面对镜头抱头痛哭，泣不成声，代表全家向受害者及家属表示深深的歉意，在镜头前鞠躬道歉，鞠躬时长35秒。最后，李刚哭泣着面对镜头说会尽最大的努力来救助受害者，并将给受害者最大的抚慰。某栏目将此案的独家专访分成两部分，前一部分是李启铭的哭诉，后一部分是李刚的哭诉，分别将镜头聚焦于李启铭与李刚痛哭后悔的场景，并着重突出李启铭在狱中的哭泣忏悔和李刚在镜头前的哭泣及鞠躬道歉。在整个报道过程中没有出现受害者，话筒完全留给李氏父子。这样的编播方式，一方面，易使不明事件真相的观众误以为李刚一方是受害者，颠覆观众的视觉及思维，使受众的同情心理倾向于犯罪嫌疑人；另一方面，在整个报道过程中没有出现受害者的声音，受害者的话语权无形中被淹没，新闻的平衡性被极大地破坏，这就很容易给观众造成××电视台在为李启铭脱罪的印象。不仅是李启铭事件，还有药家鑫事件以及钱云会事件，都有话筒向某一方明显倾斜之嫌，媒体的话语权偏置，极大地损害了新闻报道的平衡。

新闻对象失衡对新闻报道平衡性的影响是极大的，能够直接造成新闻失实，引发错误的舆论导向，甚至是干扰司法公正，最终损害媒体的公信力，有时媒体甚至要承担相应的责任。

3. 材料选择的平衡

同一个事件站在不同的角度看到的情况是不同的，记者的角度很大程度地体现在对材料的选择上。例如，报道重大公共政策的讨论、新思潮的出现时，需要听到各种不同的声音，不可夸张或渲染一种声音，更不能有意弱化或忽略另一种声音。在报道一项政府决策时，不仅要展示不同政见者的声音，还要倾听民众和专家的声音。只有通过多种声音的呈现，实现对事情认知的多元化，才能构建出这个事件的多维评价体系，立体展现才不至于使报道过于片面，甚至失实。

中国独生子女成为"闪离"一代

"闪离"意指刚结婚不久就离婚，这在中国是个新现象，因为独生子女一代迈入结婚年龄而数量急剧增加。1979年实行计划生育政策以来诞生的"小皇帝"和"小公主"们一遇到婚姻挫折，就毫不犹豫地离婚。重庆市民政局一名负责人表示："80后一代的婚姻非常脆弱，有人上午登记结婚，下午就来办离婚了。""年轻人没有准备好为婚姻承担责任。

他们追求爱情，但一碰到困难就放弃。"一名离婚律师这样表示，他的年轻客户数量直线上升。这个新的客户群体更加自我，不太在意财产纠纷，但会进行一些出人意料的诉讼。

一些离婚者要求对"时间和感情损失"进行补偿。如果离婚案中涉及孩子，情况会更加复杂。因为在一些极端情况下，父母双方都急于恢复单身生活，谁也不愿意养育小孩。这种个人主义与中国传统已经决裂，因为传统上家庭是社会的基石。

26岁的小雅（音）否认了自私的说法，她说："我们是现实的一代，寻求现代化和传统价值之间的平衡。"社会学家也不愿指责年轻一代，上海社会科学院的杨雄（音）说："真正的原因是社会和风俗的变迁。"他还表示，离婚数量增加是"社会进步和社会中个人解放的信誉"。现在，中国在这方面也在追随西方的趋势。

案例来自2010年9月2日法国《费加罗报》。在这个案例中，对于"中国独生子女成为'闪离'一代"这个话题，记者采访了重庆市民政局负责人、离婚律师、上海社科院的相关学者以及26岁的小雅。不同的受访对象代表不同社会身份的人对这一事件的看法，通过对这些不同身份的人进行采访，可以使报道发出不同的声音，有时甚至是针锋相对的，但这样可以让读者从多个评价体系认知这一现象，从而尽可能地接近事情的本质。新闻报道的平衡性原则是新闻报道的重要报道艺术，除了体现在新闻来源的平衡、报道对象的平衡以及材料选择的平衡上，记者价值判断的准确性也很重要。随着我国进入社会转型期和网络技术的飞速发展，新闻报道的平衡性受到很多因素的影响。例如，随着网络、微博的发展，"剪刀＋糨糊"的拼抄式写作日益常见，媒体和记者从网络上开发新闻来源时，由于不能深入现场以及网络上浅表化的信息使得接受者只见树木、不见森林，往往很难达到新闻平衡。

新闻从业者所面对的不仅局限于事实的真与假的冲突，更着重于价值判断，这就需要记者时刻保持一颗警惕心和良好的判断甄别能力，而正确的价值判断正是建立在对新闻报道平衡性的把握之上。

（三）公正

新闻公正性指平等地对待所有的消息来源和报道对象，尊重事实，实事求是；合乎逻辑与伦理，不带私利和偏见；无预设的意见或判断，不受个人信念或想法影响，对每一方都持公平态度。概括而言，公正性包含以下要素：完整性、诚实性、准确性、平衡性、无偏见、合乎伦理等。公正性原则反映着记者的判断力，其本质上就是要求新闻从业者尊重事实，实事求是地进行新闻报道工作。它是新闻报道的一般规律，连同客观性原则和平衡性原则，共同成为新闻事业追求的目标，这得到全世界新闻工作者的广泛认同并付诸实践。

第三节　新闻写作的价值规律

一、新闻写作与新闻价值

（一）新闻价值的含义

1. 新闻价值理论的起源

新闻价值的概念最初是由西方学者提出来的，后来我国逐渐引入，并在 20 世纪 80 年代以后引起重视和研究。新闻价值理论起源于报刊成为大众日常读物的时期。20 世纪初，西方报业的发展走向大众化之路，大众报纸逐渐兴起，这些报纸以市场为导向，像生产商品一样生产新闻。为了生存，为了吸引更多的读者和开拓更大的销路，许多报人开始探讨读者的偏好，以满足读者的欲知。这种业务的探讨逐渐使新闻价值的概念浮出水面，并得到广泛的重视。最早使用新闻价值一词的是美国新闻记者休曼，可见于他的著作《实用新闻学》（1913 年由上海学广会翻译、出版）。他在书中写道："某人与名记者在一个报馆共事，凭借记者的眼力，评断新闻价值，受益匪浅。……他多次看到记者如何处理采访材料，渐渐自己也能测度采访获得事实的价值了，无须再把时间浪费在无关紧要的琐碎的材料上了。"另外，休曼在书中也多处谈到新闻价值的问题，并提出新闻价值的几个要素，如"视新闻之刊载，是否当乎其时""人之所乐闻""最新之新闻"等。随着西方报业的发展，报纸大众化、商业化目标不断实践和发展，新闻的报道方式和内容都与之前有较大变化。以读者为中心，尽可能以读者喜闻乐见的内容为出发点而选择新闻，新闻价值理论也在实践中逐渐发展和完善。

2. 新闻价值的定义

在国内，新闻学的开山鼻祖徐宝璜、邵飘萍对新闻价值有过论述。徐宝璜在《新闻学》一书中，不仅给新闻价值做出界定，还列举了新闻价值的三要素，即最新事实、重要事实、近距离的事实。这些关于新闻价值理论观点的归纳来自欧美，徐宝璜是第一个将新闻价值说介绍到中国来的。另外，邵飘萍在《实际应用新闻学》一书中也有关于新闻价值的论述，他直接转引了美国威斯康星大学教授格兰特·赫德的观点，并给予更多、更全面地阐扬。我国新闻界对新闻价值更多、更深、更热的研究开始于20世纪80年代初，至今取得不少的成果。研究的焦点主要集中在对新闻价值的定义和新闻价值的构成要素上，有共识但也有很多争论。在新闻定义上就有诸多的不同，如当代新闻学者对新闻价值有不同定义：

新闻价值是指事实所包含的足以构成新闻的种种特殊素质的总和。

（何梓华《新闻理论教程》）

新闻的价值是传播者所提供的新闻信息对收受者信息缺乏的满足程度。新闻信息的价值，是由该信息的各种信息总和构成的。

（童兵《理论新闻传播学导论》）

新闻价值是事实信息适应和满足公众兴趣与需要的各种信息要素素质的总和。所含信息要素素质的级数越高，新闻价值越大。

（郑保卫《当代新闻理论》）

一则新闻产生的社会效应：社会效应强烈的新闻，其新闻价值较大；

社会效应小，其新闻价值就小。

（甘惜分主编《新闻学大辞典》）

新闻价值是某些事实所具有的在满足受众新闻需求方面所具有的显在和潜在的作用。

（丁柏铨《论新闻的双重价值标准》）

新闻价值就是新闻客体的属性、功能对新闻主体的效应。

（杨保军《新闻价值论》）

这些定义从不同的角度和层次对新闻价值的含义进行多方位的探究，有人将其分为素质说、作用说、标准说、关系说、效应说等，这也为我们后来者理解和研究新闻价值提供了诸多启示。本书比较倾向于杨保军的观点，而他在论述时也将这一概念细化为"所谓的新闻价值就是指新闻事实和相应作品或新闻文本的属性、功能对新闻传播主体和接受主体的效应或者作用和影响，其核心就是指新闻信息对新闻主体的作用和影响"。

3. 新闻价值含义的理解

虽然新闻价值自诞生起就有许多说法，对其的定义也是见仁见智。但对其含义的深入理解和把握可以从以下几个方面着手：

（1）新闻价值是一个关系概念。在哲学上，对价值的一个普遍的认同是客体对主体的效应。与哲学价值的概念相比，新闻价值只是一个小小的分支，因此对新闻价值的理解也应该回归价值的本义，体现新闻客体对主体的效应，这种效应反映的是新闻主体与客体的关系。新闻主体指新闻传播主体和受众主体，新闻客体指新闻事实和新闻作品。在谈论新闻价值时，不能只单方面地谈主体或者客体，两者之间是并存的关系，新闻价值如果离开主体的需求，就无所谓是否有价值，就失去了存在的意义；如果离开客体，就没有了载体，也就无法存在。新闻价值的存在体现在两者的关系中。要把握新闻价值概念，就必须把握新闻主客体之间的关系。因此说，理解新闻价值，是一个理解关系的过程。

（2）新闻价值是一个功利性概念。引入功利性概念是帮助大家对抽象的新闻价值概念有一个具体可感的理解。功利性是新闻价值体现的一个缩影。新闻价值的存在是为了说明新闻是否与社会的需求一致，是否能为传者或受众服务。信息若要成为新闻，就必须具备这些条件，必须拥有新闻价值，如果没有就不可能成为新闻，从这方面讲，新闻价值是一个功利性的概念。一则新闻的存在，必有其对于传者或受众的效用，以满足传者的意图或受众的欲知。也正是这种功利性——满足需求的作用，使新闻得以长久和持续发展。

（3）新闻价值是以社会为归宿的。新闻价值指新闻事实或作品（客体）与社会（传者或受者）需求之间的关系，新闻事实或作品来自社会发展的变化，传者和受者同样是生活在社会中的人，而新闻价值的最终检验，是否存在效应及程度大小如何，都要回归到社会中去。因此对新闻价值的理解，要以社会为基础；在以社会为归宿的前提下去理解新闻价值的关系和功利性，就会明白许多。

（二）构成新闻价值的具体要素

从以上的分析中，我们大概理解了新闻价值的含义。从效应意义上来讲，新闻价值是信息成为新闻所必备的要素，新闻价值就是这些要素的总称。对于新闻价值包含的要素，历来研究者多有研究，不同的思维和研究方式会产生不同的结论。虽然存在着分歧，但总的看来，有些最基本的东西得到了广泛的认同，只是叫法有些出入，可将构成新闻价值的具体要素概括为时新性、重要性、显著性、接近性、趣味性、奇异性六个方面。当信息成为新闻时，它一定含有这六个要素中的一个或几个方面。

1. 时新性

时新性指新闻事件是新近发生的而且是社会大众所不知道的，包含时间近、内容新两个含义：一是时间近，越快越好。指在可能的范围内，记者总要想方设法尽快把刚发生的具有可读性的信息以最快的速度传递给读者。因为新闻最强调的就是"新"字，越快越新就越受读者欢迎。抢新闻现象就是因此出现的。二是内容新鲜，有新意。新闻是社会变化发展的最新记录，记者在记录时会偏向一些如新人、新风尚、新事物、新发展、新情况、新问题等给人耳目一新感觉的材料，新闻报道这些新鲜的信息，给读者展现这些新的变化。

2. 重要性

重要性指新闻事件的重大程度和受众的关注程度。事件是不断变化的，变化有量变和质变，那些重大的、剧烈的变化，必然是新闻报道所关注和不容错过的重点，因为这样的事件拥有绝对的关注率，如政局的变动、政策的变化、战争进展以及重大经济信息等。但质变毕竟是一个积累的过程，不会时时发生，所以不能去刻意地追求，而细微的量变时常会有众多的关注点，如那些与当前社会生活和大众的切身利益有着密切关系的事实，势必引起人们关注，影响许多人。重要的科技发明、天气的显著变化以及重大的灾害、疾病等，往往能引起读者的重视和兴趣。

3. 显著性

显著性指新闻中的事件、地点或人物越是著名、越是突出，新闻价值就越大，人们的注意力会自然而然地集中到他们的身上。常言说，名人出新闻。如总统的爱好，名人或要人的膳食、体温、睡眠，乃至私生活等，都可以成为新闻内容。

4. 接近性

接近性指新闻事情发生的地点与受众在地理上、职业上、生活上越接近越密切，越容易引起受众的关注，新闻价值就越大；事情涉及受众的切身利益与思想感情越密切，受众越重视，新闻价值就越大。远近既是一个地理概念，又是一个心理概念。从地理上讲，受者更容易关注那些发生在自己身边或对自己造成影响的事；从心理上讲，受者喜欢关注那些能够引起自己内心共鸣的事实。如对于当天的新闻，我们既会关注身边的政府税收、政策改革的信息，也会关注远方城市一个刚刚因车祸失去父母的小孩的信息。因此，接近性是新闻价值的一个重要的构成因素。

5．趣味性

趣味性指能够引起人们感情共鸣，富有人情味和生活情趣的事实，即通常所讲的奇闻趣事。换言之，新闻报道的内容必须使读者有普遍兴趣，能引人入胜。西方新闻界虽然对趣味性的含义有不同的理解，但是一般都把社会学研究的内容，如犯罪、道德伦理、人口、人生、婚姻、家庭、人间真情、金钱和色情等作为趣味性的主要内容，具有浓郁的人情味，故易于激起读者或欣喜、或愤慨、或悲哀、或惊讶、或深思等多种丰富的情感，从而唤起强烈的共鸣。

6．奇异性

奇异性指不寻常的、偏离人们日常生活经验和想象的事情。人天生具有好奇心，对于那些奇事、奇人、奇异现象和那些空前、罕见、特殊的事情有着极强的求知欲。事实与现状有明显的不同或偏离常规的日常生活现象，就显得奇异，这对读者具有莫大的吸引力。

二、新闻写作的规律要求与技巧分析

（一）新闻写作基本规律的要求

（1）增强新闻敏感，深入进行采访，为用事实说话奠定良好基础。

（2）用典型事实说话。用事实说话不等于简单地罗列事实，而是选择那些最能反映本质、体现主题，最有代表性、最能打动人心的事实说话。

（3）运用组合事实说话。记者采访写作时要紧紧围绕所要表现的主题，把那些有分量的、有价值的、最能体现主题的素材组合起来。

（4）精心挑选鲜活事实说话。抢新闻不是以天以时计算，而是以分以秒计算。

（5）选用独特事实说话。同样的新闻事实，有作为的记者会用自己独特的眼光、独特的视角、独特的事实来说话，这样才能写出好新闻。

（6）克制自己的感情，准确记录和表述新闻事实。

（7）要少而精，不多而杂。通过一个事例说明一个道理。

（8）编辑也要慧眼识真金。一篇精品新闻不但要有记者的真知灼见、独到功夫，还要有编辑的独具慧眼、别具匠心。这两者完美结合，才能打造出精品。

（二）新闻直接说的写作技巧

通过客观叙述新闻事实及其背景来体现观点、发表意见。摆事实，描述事实，这是新闻独特的魅力所在，也是新闻事业不可代替的价值所在。直接说的写作技巧可以从以下方面来把握：

1．用数字说话

"随着经济新闻的增多，数字在新闻中的应用越来越多，但是大多数的数字不能给人以深刻印象，反而给人留下单调、枯燥的感觉。（元莉华，2013）"新闻要用事实说话，而数字往往是事实的要件。新闻报道，越是重大、复杂的主题，越需要扎实有力的数据支持，以廓清迷雾、引导舆论。在开展热点报道、典型宣传、舆论监督中，记者要善于寻找、采用具有关键意义的数字。新闻越具体就越深入，凭借明晰、精准的特性，数字出马往往胜于模糊的、概念化的表达。

2．用直接引语说话

借助直接引语说话，也称实引，就是实实在在引述别人的话。实引又分为引原话和引大意两种。引原话时（一般是重要的），必须加引号，有说话人的真实身份、姓名；引大意时，不加引号，一般也都有说话人的真实身份和姓名。

（1）使用直接引语必须原原本本，一字不差。引用新闻人物的语言时必须做到真实、准确，完全忠实于新闻人物的原话，切不可断章取义，任意肢解、歪曲说话人的语意。一些记者为了刻意追求新闻的传播效果，在引用采访对象的话时，明明知道这不是说话者的原意，却喜欢把自己认为最精彩的地方挑出来，并按照自己的需要加工或者篡改采访对象的话。更有甚者，甚至代为说话，这不仅是对采访对象的不尊重，也是对读者一种极不负责的表现。

（2）使用直接引语必须同时交代清楚新闻来源。报道中经常出现

"相关负责人说""围观的市民说""有关专家说"等字眼。这些所谓的新闻来源，实际上是一种说的含糊化，其实这些说法往往就是记者自己的意见和看法，其可信度和权威性或多或少会受到削弱。所以，为了提高直接引语的可信程度，在直接引述新闻人物的话语时，记者有必要清楚地交代新闻来源，写明白采访对象的姓名和职务。必要的话，还应该进一步提供他（她）的年龄、特点或其他与新闻事件有关的细节。

（3）直接引语要与说话者的职业、身份、性格等相吻合，做到话如其人。毋庸置疑，实际生活中不会有两个人的职业、身份、性格完全相同，也就是说，新闻报道中不该让两个人的话语风格一模一样。如果不能用话语表现出各自的风格，那么报道中的直接引语严格说来就算不上采访对象自己说的话，而只不过是记者挂在采访对象名下的套话罢了。因此，记者在使用直接引语时，人物话语要有个体差异。

（4）直接引语不是越多越好，必须少而精当。犀利凝练的评说以及新闻人物对新闻事件的简要概括能加深读者对新闻报道的理解，深化文章主旨。直接引语应当引用新闻人物原话中最精彩、最核心的部分。

3．用典型事实说话

记者要广泛搜集和精心选择事实。事实是明摆着的，是大量存在和极其丰富的，但是事实本身不会跑到记者面前来，要靠记者自己去发现它、抓住它。新闻写作用事实说话，严格地讲，是用新闻事实说话，用典型的新闻事实向读者、听众、观众说话。因此，记者必须善于搜集和选择那些有价值的事实，新闻写作才能起到感染和说服人的效果。用事实说话，是观点和材料的有机结合与统一在写作中的特殊表现。在写作时一定要注意对事实概括和表述得准确、正确，符合事物本来面目，不变形、不走样、不夸大和缩小，一定要站得高看得远，能立足全局看问题，通过对典型事实的概括，反映事物的本质、主流及发展趋势，反映事物全貌，而不能孤立地看问题；一定要概括出事物的特点，抓住事实中最有特征的东西，而不要记流水账；一定要言之有物，实在、具体，有大量事实让人们看得见、摸得着，有真实感。

4．用现场场景说话

用场景说话，即再现场景，就是把新闻事实的某些现场情景具体地描述出来，做到有形可感、有物可托，这样传达的观点更有可信性和说服力。写作中不出现有关于人的行为与思想关系的套路，而是十分自然地将事情娓娓讲来。

（三）新闻间接说的写作技巧

新闻是需要真实的，也是客观的，但这些都是相对的。对于记者来说，他同样希望通过他的报道发言，不仅是代表他的媒介、权力集团、广告商，有的时候也代表他个人的情感和好恶。不过，记者的主要职责毕竟是报道事实，所以他的情绪表达是隐性的、间接的，而不能赤裸裸。也就是说，"话"必须通过事实这个中介传达给受众。记者把思想观点藏在精心选择的某些事实里，让受众通过事实去领悟其中的道理。

（1）一般用第三人称叙述。这样可以减少记者站出来指手画脚的机会，容易做到客观公正。

（2）注明消息来源。对那些阐明事件的原因、预示事件发展趋势、解释事实之间内部联系的内容，一般要注明消息来源。特别是内幕新闻，不写明消息来源就无法使读者相信，甚至会以为是记者的瞎猜；对于有争议的、容易引起怀疑的事实，注明消息来源，增强新闻的可信性，同时也有利于读者对这些事实进行分析、判断；对于那些一时得不到官方证实又十分重要的新闻，几乎每句话都应注明消息来源。消息来源主要包括新闻事件的参与者、新闻事件的目击者、新闻事件的知情者、权威人士、消息灵通人士等。

（3）注意报道的平衡性。对有倾向性的报道，不能顾此失彼，损害了新闻报道的全面性、公正性。客观、公正、全面是新闻报道的基本原则。用事实说话也要说全面、公正的话，不说片面的话。要既报喜也报忧，讲成绩也讲缺点。

（4）捕捉细节。细节对于刻画人物来说，往往能生动真切地展现其个性特征、内心世界；对表现社会生活来说，以小见大，往往既能说明深刻的主题又有很强的说服力。

（5）通过背景材料说话。背景材料是用事实说话的重要手段。新闻写作用事实说话，是记者选用事实的材料来表明自己的观点，说自己想要说的话。通过对背景材料的内容和角度进行筛选，以及对不同的背景资料与新闻事实之间进行不同的排列，能够表达传播者的倾向性意见和评价。

第四节　新闻写作的受众与社会责任

一、新闻写作的受众需求

新闻是一种信息产品。评价新闻产品的权力在受众手中。因此，受众选择什么、不选择什么，决定媒体能否生存。当然，这里还有个舆论引导的问题，但首先产品适销对路才谈得上引导。

（一）从传者本位论到受众本位论

新闻报道的接受者是受众，没有受众，新闻报道就毫无价值。受众理论认为，受众不是被动的、无知的靶子，而是有独立性和自主性的主人。他们对媒介具有制约作用，积极地寻求信息为自己所用，最终将影响传播效果的实现。这种突出受众在信息传播中的核心地位和决定性作用的理论，就是受众本位论。

与受众本位论相对应的是传者本位论。传者本位论是指大众传播媒介在信息传播活动中以传者为中心和出发点，根据传者的需要和利益来决定传播的内容、方式和目的。传者本位论认为，受众是孤立的、静止的、被动的、盲目的，只要传者不断发出信息，受众就会不加思考地、顺从地接受，传播的预期目的就能实现。

传者本位论产生于资产阶级政党在报刊时期过于强调新闻宣传功能

的情况下，是单向传播模式，以先知先觉的身份自居，强调传者的主体意志和情绪，视受众为乌合之众，以向受众灌输先进思想、开启民智为己任。这种理念指导下的新闻传播活动，无视受众的个性和需求，传播什么、怎样传播、为什么传播，主要由传者根据自己的需要和利益来决定，一味地追求传者的主观意志，把模式化、概念化、肤浅化的宣传和灌输作为主要的报道方式。在这些传者的视野中，受众是静止和完全被动的，是一个个分散的互不联系的个体。魔弹论、议程设置理论也正是在此背景下陆续问世。但随着受众已被启蒙并逐渐崛起的时代的到来，传者本位论的局限性越来越明显。媒介市场化促成受众本位论对传者本位论的消解。

随着市场经济的发展，新闻传播事业空前繁荣，信息时代可供公众选择的媒介越来越多。传者和受众之间的关系发生巨大的变化，受众在众多的媒介与信息面前拥有比以往更多的主动权和选择权。在传播学的发展史上，学者们的研究重心从 20 世纪 60 年代起发生了转变。新的受众理论认为，受众是传播的主动者，媒介则是被动者，受众并不是消极地接受信息，而是积极地寻求信息为自己所用。受众本位论因 1964 年鲍尔的《固执的受众》一书而流传，后来在卡茨、布鲁姆勒、多奎尔、罗森格伦等人创立的"使用与满足"理论中得以发展。此时受众参与传播被理解为犹如在自助餐厅就餐，媒介在这种传播环境中的作用只是为受众服务，提供尽可能多的令受众满意的饭菜（信息），至于受众吃什么、吃多少、吃还是不吃，全在于受众自身的意愿和喜好，媒介对此是无能为力的。

新闻媒介只有研究受众的心理，满足受众的兴趣和需要，才能在激烈的市场竞争中获利。于是，传统的传者本位论逐渐被受众本位论消解，受众本位的传播时代来临。尤其在新媒体时代，"受众本位"已是新闻传播事业无法抗拒的发展趋势。

（二）当代受众需求的特征

新闻报道虽然是对事实的表现或再现，但它不是单纯的表现主义或再现主义，也绝非记者的独白，而是一种供需关系。受众是它服务的对象，特别是在当代，媒介技术的发展和细化使受众受到前所未有的重视，受众需求也是新闻报道关注的重点。但在新的时空环境下，受众需求也呈现出一些不同的特点。

1. 受众需求的层次性

行为学家马斯洛总结了需求层次理论，他把需求分成生理需求、安全需求、归属与爱的需求、尊重需求和自我实现需求五类，依次由较低层次到较高层次排列。其中生理上的需要、安全上的需要和感情上的需要都属于低一级的需要，尊重的需要和自我实现的需要是高级需要。一般来说，某一层次的需要相对满足后，就会追求更高层次的需要。

受众是对所有接触媒体信息者的统称，而这些接触者的身份并不是单一的，而是复杂的群体。他们各自的身份、地位、知识背景以及生活方式、生活习俗的不同，使他们对信息的需求表现出不同的层次要求，如农民、个体商户、白领、学生、知识分子等对信息的需求有明显的层次差异。农民更喜欢看一些通俗易懂的杂闻，而知识分子偏重读一些有深度的报道。即使是同一个人，在不同的年龄阶段需求的信息也是不同的，如一个人在上学期间和工作后关注的信息是不一样的。

新闻报道要充分把握不同层次人群的不同需求，这样的报道才会有针对性，才会有明确的受众。如《羊城晚报》在 2010 年 9 月 16 日 a14 版刊登了《当年秘捞如今美称阿鲁族》的报道。刊出后，便引起不小反响，各大新闻门户网站、报社网站等纷纷转载。此篇新闻是关于"白领"阶层的报道，在广州或其他各大城市，"白领"是一个重要阶层群体，因此一经刊出，便受到很大的关注。

2. 受众需求的多元性

受众需求的多元性是随着媒体的发展而呈现出的另一个突出的特点。与以前的一元宣传新闻不同，在新媒体时代，读者更喜欢听到多元的声音。不同的读者有着不同的经历、地位、立场、观点、情感等，这些因素在信息需求上就表现为多元性。一则新闻的出现，其反响往往不再是众口一词的赞成或反对，而是顺向思维与逆向思维、滞后思维与超前思维等并存，同中有异、异中有同。

3.受众需求的多样性

受众需求的多样性体现在新闻信息的内容和新闻的呈现方式上。

从新闻信息的内容上讲，新闻信息是为了满足受众需求，而受众对信息的需求是有目的性和选择性的。根据历来的国内外对新闻受众的研究成果，可以概括为信息需求、交往需求、道德教育需求、文化知识需求、社会评判需求和娱乐需求等。我们在平时的报纸、电视和网站上看到的新闻都属于这些需求下的产物，如社会新闻、体育新闻、财经新闻和娱乐新闻等。

从新闻的呈现方式上讲，即对图片、声音、画面等的要求，图文声并茂更能吸引受众。随着互联网技术的不断进步，大多数人在追求新闻信息的时候更重视接触过程的时空环境，希望以一种享受信息的姿态去接触信息。于是很多人喜欢浏览新闻，喜欢更有视觉效果的图片新闻、视频新闻等，喜欢简洁明了的即时信息。因此，受众的需求迫使新闻在呈现方式上力求多样化。

（三）受众需求的满足与引导

在上面我们理解了受众所感兴趣的新闻信息内容。对于受众的需求，我们在报道时的处理方式有两种，即满足和引导。两者是对立统一的关系，如果只一味地满足，就会沦为迎合工具。相反，如果只注重引导，就会沦为控制工具。所以，为了杜绝一些新闻媒体错误地迎合受众，使自身能健康地发展，媒体的报道在极大地满足受众兴趣的同时也要进行积极的引导。而要做到这些，可从以下三个方面着手：

首先，媒体要寻求传、受二者之间的平衡。作为传播活动的两极，传者与受众构成一对矛盾的统一体。传媒之间的竞争与发展应是公平、健康、有序的，新闻传播受众本位意识的确立，并不意味着媒介一味地被受众牵着鼻子走。在我国当前的社会结构和媒介体制下，政治控制、经济控制和技术控制仍然存在，市场经济发展尚处于发育阶段。如果一味片面地追求受众本位，往往容易出现大众媒介盲目追捧受众，迎合大众庸俗的和低级趣味的需求。因此也不能忽视传者的积极作用及其负有的社会责任。要寻求两个共生的主体之间的一种平衡，促进大众传媒健康有序地发展。

其次，媒体要在自身发展的过程中兼顾社会效益和经济效益的统一，并且要始终坚持社会效益第一的原则。具体来说，主要包括以下几个方面：首先，新闻在内容与形式上必须引导受众获得正确的价值取向；其次，新闻不仅要提供及时有效的知识信息，还应当利用深层次的文化内涵提高受众的文化品位，从而提高整个民族的文化素养；最后，树立受众服务的意识，媒体在传播过程中首先应考虑受众最需要从新闻传播中得到什么，经常了解受众的呼声和建议，及时把握受众的精神脉搏，从而使新闻传媒与时俱进地服务受众、引导受众。

最后，强化媒体作为传播主体和信息把关人、社会守望者的责任感。提倡新闻报道立足于服务公共利益、监督公共权力、传播公共价值的社会责任感和历史使命感，以为受众提供丰厚的精神滋养去取代一味娱乐受众的做法，通过受众精神需求和品位的不断提高反过来促进新闻传播的健康发展，做到对传者、受众双方主体地位的尊重，有利于媒体社会效益和经济效益的最终实现。

二、新闻写作与社会责任研究

（一）社会责任理论概述

社会责任的思想出现于 20 世纪 20 年代。1923 年，美国报纸主编协会制定《报业法规》，提出报纸的责任问题。1924 年，美国报纸主编协会主席 C. 约斯特在《新闻学原理》一书中指出报业要对社会负责，并认为在必要的情况下，可以运用法律限制出版自由。

第二次世界大战以后，美国新闻自由委员会做了大量的努力，使社会责任成为一个全新的、完整的理论，并且有两部著作出现。一部是新闻自由委员会的报告《一个自由而负责的新闻界》，另一部是该委员会的成员威廉·E.霍金所著的调查报告《新闻自由：原则框架》。随后，英国皇家报刊委员会在1949年强调报业的社会责任。社会责任理论的具体内容自其概念提出之后，就一直在不断地发展变化。丹尼斯·麦奎尔《大众传播理论》一书中对其要点做了一些总结，他认为社会责任理论主要包含以下几个方面：①媒介要承担社会责任，而且媒介所有权是一种公共信托形式；新闻媒介应该是真实的、准确的、客观的、中肯的。②媒介应该是自由却自我约束的。③媒介应该遵守伦理信条与专业性准则。④在某些环境下，政府可能需要介入以捍卫公共利益。社会责任理论认为自由必须伴随责任的观念，纠正了传统自由主义理论绝对自由的错误，也阐明了言论自由为基本的人权，而新闻自由只是报人的权利，两者不可混为一谈；另外，鼓励推行报业自律制度，促进报业的真实和公正程度等。这些在一定程度上反映了西方公众对现有新闻秩序的不满和革除弊端、改变现状的愿望。

社会责任论的重点是强调为最大多数人谋最大的福利，权利与义务（责任）已由个人转移到社会，由理性移转到良心与宗教伦理。它的目标在于促使社会更易于发挥各种功能，使人类获得最大的快乐。

（二）新闻写作与社会责任

在我国现阶段，对媒体的社会责任的呼声越来越高，究其原因，离不开我国转型期的时代背景和内在动因。首先，媒体的市场化程度越来越高，媒体进入多元化发展阶段，有些媒体出于竞争的需要，吸引受众眼球，出现造假、煽情、夸张等，如"纸包子"事件等，丧失了对社会责任的承担；其次，新媒体的出现，改变了新闻来源的原有格局，许多新闻信息来源无从考查，就会出现报道失实的状况，容易陷入误区，造成社会责任的缺失；再次，我国进入矛盾凸显的转型期，社会利益格局、价值取向和文化碰撞都在剧烈地变化，媒体置身其中，不可避免地遭受着各种震荡和冲击；最后，由于新闻事件的国际化关注、媒介技术的发展和政经制度的国际化接轨，一些较为重大事件的发生都会有全球视野的报道，而只有负责任、真实、公正、公开的报道才能站得住脚，赢得公信力。

（三）新闻写作与新闻报道理念

1. 媒体社会责任的核心是报道事件真相

客观地反映事实真相是媒体的基本职责，也是媒体的社会责任。报道事件真相有两个最重要的特征，即中立性和客观性。中立性指新闻从业者要摆脱来自政府、集团甚至公众的干扰，维护真正意义上的公共利益。尤其在报道负面事件时，采取不偏不倚的态度。客观性则要求新闻报道者抛弃个人的主观倾向、情感，以冷静的报道方式实现事实的准确呈现。新闻工作者除了用中立性和客观性维护自己的专业地位，实现新闻报道的公信力外，还要坚持真实性。新闻报道必须真实地反映客观事物的原貌，不能仅达到部分真实或细节真实，而是必须达到整体真实。真实是新闻报道呈现事实的最好状态，是新闻报道的第一生命，失去真实，客观便无从谈起，中立也就失去权威性。

2. 公众利益为报道的出发点和归宿

公众是新闻的最高目标。没有公众，新闻也就成为没有意义的事业。新闻若有任何基础可言，那就是公众。新闻若有委托人，那就是公众。公共利益和公众是新闻服务的最高目标。研究公共领域时，可以从两个不同层面探讨：一是从交往空间上探讨公共领域，体现的是公共领域与市民社会的关系；二是从表达空间上探讨公共领域，体现的是公共领域与公共舆论的关系。媒体作为联系两者关系的纽带，要想体现出最大的价值，就必须把公众利益作为报道的出发点和归宿，只有这样才能在交往空间上报道公众所需信息，才能在表达空间上承载和引导公众舆论，不能一味地追求市场效益而忽视社会责任。

3. 坚持新闻专业主义信念

新闻传播被视为服务公共利益的公权力，对社会的影响是巨大的。也正是因为这股力量的强大，它既可以引导社会的前进，也可能造成政府的更迭和社会的动荡。因此，成熟的新闻业应要求从业者牢固树立新闻专业主义信念，否则对社会发展造成的负面影响是不可小视的。新闻专业主义是美国政党报纸解体之后在新闻同行中发展起来的公共服务的一种信念，它最大的特点在于独立性。传媒具有社会公器的职能，新闻工作的目标是服务于全体人民，而不仅限于服务政治或经济利益集团。正是这种独立的特性，才能保持一种客观的态度，从而真正去发现、去关心、去报道公众所在意、所关心、所需要的信息。这样就会避免主观感性的判断和政治经济因素的影响，保持了理性。

4. 遵守职业道德，维护公信力

新闻从业人员不能为了个人私利和媒体私利而损害媒体的社会公权力。单纯地把新闻媒体比作镜子是不够的。有社会责任感的媒体，除了反映客观事实，还要有引导。在民主法治社会里，新闻从业人员可以持有自己的价值观，但是新闻媒体不是新闻从业人员的个人工具，公权不能私用。个人写博客与采访写稿件是两种不同性质的行为。现代社会的人们已经越来越离不开媒体，越来越依赖媒体。对新闻媒体来说，秉持和坚守高度的社会责任感比在以往任何时候都更为重要。

第二章 融媒体时代的基础知识

第一节 融媒体时代的特征与标志

一、融媒体时代的特征

数字技术的蓬勃发展使得以互联网新兴媒体平台为代表的新媒体成为时代潮流。当前,传统媒体积极推进媒体融合发展,与新媒体的融合程度逐渐加深。传统媒体与新兴媒体的融合发展,能将彼此的媒体优势互补集中,打造更优质、更贴近读者的内容,大幅度提升媒体传播效率和媒介影响力。简单地说,媒体的融合发展需要积极搭建立体传播矩阵,让文字、音频、视频、图像等不同内容在不同的传播介质上实现跨越式、浸润式"的即时互动传播。我们在实现信息共享的同时,要根据受众特点,实现矩阵中各媒体平台之间资源互通、内容互融、利益共享、受众叠加的目标。在国内,融媒体中心也被叫作中央厨房,可实现信息的一次采集、多种生成、多元传播。

当前,传统媒体对融合发展、建设全媒体的诉求非常强烈。传统媒体的融媒体转型之路充满挑战,尤其是给读者提供的阅读服务尚未能细致深入地挖掘融媒体优势。广大传统媒体从业者应把握融媒体的特征,促进读者服务工作,为读者提供多样态的阅读服务。

(一)融媒体是拥抱新技术的媒体

融媒体是互联网时代的产物,发展离不开云计算、大数据、人工智能等互联网技术的赋能。互联网技术在用户获取、内容采集分发以及价值传播方面具有优势，传统媒体要积极拥抱新技术，充分发挥新技术的优势。

传统媒体需要重点考虑的是，如何充分运用新技术创新媒体传播方式，加快传统媒体和新兴媒体的融合发展，把互联网技术充分运用到传统媒体转型中。

（二）融媒体是全面创新的媒体

融媒体需要融不同的媒介、资源、人员、内容、技术于一体，传统媒体转型必须创新，包括内容创新、形式创新、营销创新、体制创新、机制创新等。传统媒体主动应用互联网技术、互联网思维转型，推动融媒体发展，这也是一种创新。

传统媒体在实际转型中，要把握媒体的本质特征与现代传播手段、技术有机结合的契机。创新意味着挑战，尤其是传统媒体在体制、机制方面创新，需要勇气，更需要智慧。传统媒体在实际转型中，要清醒地认识到移动端是融合发展的重要窗口。传统媒体更多的创新重点、人力、物力，都要投入到移动端，坚持在内容创新的基础上大力推进各方面的创新。

（三）融媒体是具有智慧的媒体

融媒体具有智慧媒体的天然属性，"智"主要是针对人工智能而言，即通过大数据了解用户喜好，满足用户需求，解决效率、效益、价值等问题，这绝不是简单地在融媒体的基础上增加人工智能元素。尤其在信息生产和传播领域，语音文字识别、智能搜索、大数据推送等人工智能技术深刻改变着信息生产、传播方式。

人工智能不仅能解决新闻信息的采集、处理、分发以及效率问题，还能提升媒体价值。比如，某一社会事件发生之时，也是智慧媒体瞬间采集之时，智慧媒体可通过智能大数据算法了解用户的喜好，即时分发内容，即刻满足用户的不同需求，进而实现融媒体的高效率与高价值。目前，智慧媒体的发展初露曙光，如封面新闻、澎湃新闻、"南方⁺"等互联网媒体的智能化水平相对较高，随着传统媒体—融媒体—智慧媒体的迭代升级，将最终形成不同属性媒体的优势互补叠加。

（四）融媒体是立体化发展的媒体

融媒体不仅要做内容和服务型产品，还要做关系产品，与用户建立紧密关系，形成立体多样、融合发展的现代传播体系。整体来看，传统媒体在向融媒体转型的过程中，内部体现的是各部门的有机协同，外部给读者呈现的是立体媒体样态。融媒体拥有文字、图片、声音、动画等多样化的表达形式，拓展了多个内容分发渠道，构建了随时可见、随地可读、随处可阅的立体格局。

融媒体的立体属性不仅体现在内容的表达形式上，还体现在功能与关系上。在功能方面，融媒体不仅可以采集和报道新闻信息，还可以提供信息服务。在关系方面，融媒体不仅要产出新闻内容，还要与读者进行关系良好的互动，建立紧密的读者用户关系。媒体只有联结用户，才能实现有效传播，进而赢得读者。

（五）融媒体是联合共享的媒体

融媒体旨在破除地域、时空、本位主义的藩篱，搭建大家参与、大家尽力、大家共享的公共平台，贯彻资源通融、内容兼容、宣传互融、利益共融的新型媒体宣传理念，提高社会资源的利用率，提高公共服务构建能力和共享水平。

传统媒体在向融媒体转型的过程中，共享既是基础，也是灵魂。共享机制是实现传统媒体各部门以及媒体各要素之间协同互动的保障。传统媒体只有倾力搭建云平台，真正实现大数据共享，才能使部门之间协同作战、实时收集用户信息、精准把握用户所需、将差异化产品和服务及时提供给用户成为可能。构建媒体共享机制，推动各种媒介资源、生产要素有效整合，推动信息内容、技术应用、平台终端、人才队伍共享融通，可以实现传统媒体向融媒体转型的成本最小化以及媒体价值最大化。

二、融媒体时代的标志

互联网技术发展深刻改变了融媒体内容生成模式和传播方式，奠定了多元化服务读者的基础。传统媒体在向融媒体发展的过程中，要把握融媒体特征，促进读者服务工作。

（一）用户思维

互联网思维模式强调用户思维，用户思维是互联网思维模式的核心。用户思维强调要透过表象看到本质，要把自己完全代入用户角色，要有同理心。在融媒体环境下，媒体要善于换位思考，明确读者需求，用读者能接受的方式，传播读者能理解的内容，从而引导阅读。在深入推进媒体融合发展的当下，传统媒体要将以用户思维为核心的互联网思维，贯穿生产与传播的各个环节，时时刻刻以用户思维来思考问题。比如，人民日报海外版旗下的海客新闻4.0，应用地图标记，实现信息分享与社交互动，用户手指在地图上滑到哪里，就能看到哪里的新闻，还可以寻找附近的人和事，是全球华人身边的朋友圈。这种方式活化了传统媒体的内容表达，是融媒体用户思维的重要特征。

（二）媒体与受众的关系变化

在传统的大众媒体传播中，传播什么、如何传播、什么时候传播，一般由传播者掌握主动权。尽管传统媒体也通过各种形式，如读者来信、短信、邮件、电话、回访等，和受众互动沟通，但受众多是在既有轨道或者模式中被动地接收信息和进行回应，这种模式是单向传播。而在互联网环境下，这种传播模式受到了冲击。移动互联网技术的日新月异，从根本上改变了媒体和受众的关系。互联网拥有的去中心化等特点，使人们成为任意时间、任意地点的信息传播者。信息内容不再是稀缺资源，发布渠道不再固定，用户可以根据自己的实际情况和兴趣爱好选择信息，而用户也成为信息传播过程中的重要一环，对信息的传播发挥着越来越重要的作用。同时，得益于互联网传播的互动性，媒体有了更多和用户互动的机会。因此，传统媒体要充分把握融合发展过程中媒体与受众关系的变化，适应读者阅读变化，满足读者阅读需求。

（三）对读者体验的重视

当前，一些传统媒体不但推出新闻客户端、手机网站等产品，还借台唱戏，在微博、微信、抖音、快手等平台上，发布自己需要重点宣传的内容。传统媒体根据媒体实际情况和用户需求，借助多种传播渠道，将"造船"与"借船"完美结合，为用户提供全方位、立体化的信息服务。选择不同的内容分发渠道是前提，如何结合不同渠道的特点及用户特征来满足读者的不同需求，则需要在实践中不断探索。传统媒体的转型发展不能仅把传统媒体的内容照搬到新媒体平台上，也不能各个新媒体或不同部门各自为战，而是要整合不同内容，针对不同渠道特点进行差异化生产和分发。媒体转型不仅要在采编流程上革新，建立与全媒体内容生产模式相匹配的整体架构，形成团队合力，而且要对信息资源进行多维度挖掘和加工，为不同渠道的读者提供差异化生产定制，"实现一次采集、多种生成、多元传播"（张聪，2019），提供呈现形式和角度各不相同、读者体验最佳的新媒体产品。

（四）个性化服务

媒体在转型发展过程中，首先要主动把握读者的个性需求，注重读者个体体验，为读者提供更优质的服务。这时，读者数据库的建设非常必要。媒体可借助数据库，根据读者的个性化特征，如年龄、性别、阅读习惯、心理、需求等，精准划分读者群，并精准化推送个性化内容，真正做到从读者出发，实现产品从大众化到个性化的跨越。媒体在重视大数据挖掘、个性化阅读推送的同时，要注意避免滥用数据分析和算法推荐，防止用户陷入信息茧房的藩篱，确保算法应用向上、向善。

第二节　融媒体时代技术平台的构建

一、融媒体技术认识

融媒体技术是电视、广播、多媒体节目生产的前沿科技，融合了 5G 技术、4K/8K 技术、AI 人工智能技术等最新技术，引领当今时代科技发展潮流，促进广播电视产业迅速升级转型，是从传统媒体向智慧型广播电视媒体转变的最有力工具。

5G 技术即第五代移动通信技术，是最新一代蜂窝移动通信技术。其性能目标是高数据速率、减少延迟、节省能源、提高系统容量等。其主要优势在于数据传输速率远高于以前的 4G 网络，最高可达 10Gbps，比 4G 快 100 倍。

4K 技术即一种超高清显示技术。与普通高清电视技术相比，4K 技术拥有更高的分辨率、更高的帧速率、更广的色域、更宽的动态范围以及更大的量化位深。从画质角度讲，4K 电视能给人们带来不一样的视觉新鲜感，从本质上提升电视的表现力，让用户能够感受到最优秀的画质所带来的视觉盛宴。

8K 技术是比 4K 拥有更高清晰度的显示技术，其分辨率相当于 4K 的 4 倍左右，色域、位深、屏幕刷新率等方面参数在 4K 基础上进行优化升级，能表达出更多的物体细节，画质水平比 4K 得到更全面的提升。

AI 即人工智能技术，通过普通计算机程序来呈现人类智能的技术。该领域的研究包括人脸识别、语言识别、图像识别、自然语言处理等。

集 5G 技术、4K/8K 技术、AI 人工智能技术等多种技术形式于一体的融媒体技术，是助力广播电视行业发展的必备工具，其为实现传播能力的有效提升和高质量发展，加快推进国际一流新型媒体建设提供了全面有力的技术支持。

二、融媒体播控系统

近年来，随着 5G 网络的不断深入，4K、AI 等新技术的日臻完善，5G、4K 及 AI 等新技术的发展与应用也在逐步融入广播电视行业，极大地促进媒体融合的发展，为我国智慧广播电视的建设和发展提供了广阔空间。融媒体依托媒介这一载体，融合广播、电视、报纸等媒体的共同特征与互补性，整合内容和资源，顺应万物互联的网络传播模式，进一步加强和扩展宣传内容的深度和广度，更有效地提高了工作效率、社会效益和经济效益。将新旧媒体的人力资源和物力资源重新进行整合，合理分配，一改媒体曾经各自为政的工作模式，将其职能转化为共同服务。

（一）融媒体播控技术的特点与发展前景

基于融合传播媒体云服务平台搭建的 IP 播控业务管理系统，按照其业务管理系统功能划分，可归为非实时在线系统和 7×24 小时实时在线系统两类。其中非实时在线系统主要包括播出节目内容的整备系统、总编室的汇集编单等相关系统。实时在线系统主要包括播出控制系统、信号采集与监看、监听系统。按照频道播放的节目资料和信源划分，又可归类为以节目轮播信号为主的频道、外来直接转播的信号以及由演播室直接传输过来的信号。从频道信号传递的角度来划分，还可细分为两大类，即面向传统媒体的频道，其传输途径主要包括有线网络、IPTV 和以卫星直播为主的上星频道。融合传媒频道通过搭建 IP 化播出系统，充分利用数据云平台的成熟技术，集新媒体节目直播、轮播、云端整备、异地灾祸备份等诸多系统功能于一体。

融媒体有着广阔的发展前景。采用最新的网络技术，从单一媒体到多个媒体的纵横融合，相互渗透，将单一媒体的有限竞争力转化为多个媒体共同的综合竞争力，优势互补，让广播、电视、互联网的优势更加突出，相辅相成，综合利用。整合最终的结果让新媒体无论在功能、价值还是实现手段上都得到全方位的整体提升，各个媒体的优势都得到综合、淋漓尽致地发挥。融媒体把广播、电视、网络的三种传输模式、手段和途径真正意义上转变为同一项目统一的应作模式，强化了客户对这种模式的认可度。同时，融媒体还将三种媒体发展、壮大成为一个利益共同体，实现了社会效益和经济效益的最大化。

随着互联网和云数据技术的不断发展和完善，传统的广播电视在生产模式、传输途径、服务格局等方面发生了深刻改变，具体表现在如下方面：第一，由一个专业的媒体组织和机构作为传播中心的单向传播模式转变成一个以用户和消费者为中心的互动型传播模式，受众对于信息的接收方式转变成人与人之间的互动与接收模式。第二，节目内容项目化，制片人经理化，观众粉丝化。内容制作机构转型成为一个内容开放式平台。第三，节目收视率指标考核转由收视率、点击率、转发率等综合指标来进行考核。第四，节目传输方式从一个传统的，以有线、无线、卫星等方式传播的节目为主，转变为通过网络、移动互联网、社交传播媒介等作为载体的节目进行传播。第五，播出中心集广播、电视、互联网于一体，转型成为一个交互式的内容分布和发送平台。

融媒体基于两种模式的生产和营销，即数据库模式和新闻专线服务模式。具体如下：

（1）数据库模式。珍贵的声像、图片、文字资料经由各种纸媒网站直接对信息进行数据库分析和处理，将其转化成为具有特色的媒资库中的资源，面向客户以收费的方式进行开放。在这个过程中，依据客户对内容的实际需求，经整合后，再次充分挖掘和利用，实现对资源的有偿共享。同时，根据客户对资源的使用习惯和所需内容的提供方式，还可进一步搭建与用户个性化相关的智能数据库，做到真正意义上的数据库营销。

（2）新闻专线服务模式。纸媒网站集中报道，将最近、最新的新闻事件、企业访谈、市场对新品上市的调研分析和其他一些重大活动，以及企业危机公关等信息资讯，在第一时间传播到媒体，积极调动知名媒体对其进行更深层次的报道与挖掘。这样扩大和加强了媒体的舆论影响，深化了企业品牌的传播力和影响力。大数据、人工智能等新兴技术在媒体融合发展中起着高效而又关键的作用，然而目前我国对于传统电视播控系统在大数据开发和利用等方面的研究，依旧停留在比较低的层次，对于大数据的信息与采集分析能力也相对薄弱，严重地局限了大数据、人工智能等新兴技术在播控系统方面的推广和运用。传统媒体在互联网大数据对产品内容做出直观的展示、传播信息的可视化这两个方面的应用上还存在着很大短板。

（二）融媒体播控技术与传统播出系统的区别与联系

全新一代广播融媒体播控中心基于 AES67+AES70 广播系统音频标准，主要由播出系统、转播系统、融媒体音视频系统、接地系统等几个部分构成网络化播出平台。

传统意义上的播控系统包含主、备两条播出链路。每一套播出通路中融入网络技术，通过两条互为备份、安全可靠、架构简洁、技术完善、功能全面的播出链路，完成对单一频道的播出。融媒体播控系统是在传统播控系统基础上的拓展，在播出链路中渗入更多的网络技术，将 AES3、AES10（MADI）、AoIP 等不同格式的信号融为一体。

采用核心智能切换器进行信源切换，对信号通过设置调线，可以方便、快速、灵活地实现对信源信号的配置和调度。系统不但包含了针对传统 AES 彩条的监测，而且借助于网络化监测手段，实现了对播出过程中与之相关的关键节点的实时监看、监听和监测。融媒体播控集成中心的转播系统主要任务是基于完成 AES、模拟、MADI（Multi-channel Audio Digital Interface 多通道数字音频接口）、AoIP（Audioover IP 网络音频格式）等不同接口类型的转播信号的接收和传输。对不同格式信号进行转播、调度，为各直播机房之间、融媒体播控中心与直播机房之间提供信号，最终实现转播信号的灵活调度、监听与传输。MADI 光纤和 AoIP 网络是两种最为常见的传输模式，互为备份，安全、简洁、可靠。

（三）融媒体播控系统核心技术解析

融合多媒体的实时播控技术系统主要功能包括了视频一体化的实时播出、IP多个频道的节目播出、输入视频信号的监看和共享媒体信息资源池几个主要的播控技术支撑模块。下面针对这些相关的技术和运用进行讨论。

1. 一体化播出技术

传统视频服务器统一采用 TS 流文件对节目进行传输，播出系统的信号源采用 H.264 或 MPEG-2 格式进行编码，并打包成 TS 流文件传输到交换机中。在需要叠加角标或者字幕的时候，IP 流字幕机需要对重新发送过来的流文件进行解码，然后再重新进行编码，这样就不可避免地引起画面质量下降，出现信号时延等问题。一体化视频服务器（CIAB，Channelina Box）在融媒体播控系统里一枝独秀，比较好地直接实现对视频文件的数字转码，借助软件还可对视频文件进行解码，同时也是 IP 流节目播出的利器。在流文件的编解码以及图形和视频叠加等技术上优势显著。视频文件的转码、软件对流文件的解码以及 IP 节目播出这几大功能的实现均可在一体化视频服务器内独立完成。各种编解码、图形和音频的叠加、信号切换等诸如此类的任务，依靠软件就能完美实现。这些任务经由一个物理机或虚拟机全部被包装到一个频道中去。

在本地播出频道上，SDI 或 IP 信号的输出通过专业视频 I/O 卡来实现，播出软件界定了频道的播出范围。在云数据播出平台上，播出配置通过虚拟机来实现。这个虚拟机被设置以后，其功效等同于一个播出视频服务器。其主要工作流程是将多个分散的视频信号整合在一个节点之上进行转码和传输，最终以 IP 流的方式完成播出。在一体化视频服务器中，与播出相关的节目信号均被封装在一个虚拟机中，视频信号的编解码在虚拟机中独立完成。每一个频道都可以同时配置和运行在多个视频服务器的虚拟节点上。当其中某一个节点出错、发生故障时，其他节点的各路流信号均能够快速地补缺。在不影响安全播出的同时，以自动或手动方式快速对播出虚拟机的故障节点进行恢复。这极大地提高和保证了系统播出的高效性和安全性，也在很大程度上降低了设备隐患。

2. IP 播出模式

当前广播电视行业有两种主流的 IP 流工作模式。一种是压缩 IP 流播出模式，另一种是无压缩基带 IP 流播出模式。在压缩 IP 流播出模式中，各个频道的信源信号采用 H.264 编码，最终以 4～30Mbps 的 TS 流格式运行和播出，在交换机固定的传输带宽内很好地提高了数据传输和带宽占用的效率。但由于在节目播出中时延无法避免，容易在播出中出现画面抖动、马赛克、黑场等情况。无压缩基带 IP 流播出方式遵循 SMPTEST2022-6/7、2110 相关协议，IP 流信号在传输和交换过程中都没有经过压缩，饱受诟病的流信号传输时经由压缩所引起的延迟现象得到较好解决。但是在对流信号不做压缩的同时，针对交换机传输与交换带宽的要求被进一步提高。

两种 IP 流播出模式各有利弊：浅压缩 IP 流工作模式由于对网络成本的投入较少，要求也不是那么高，实际播出工作中浅压缩 IP 流播出延时较一般意义上的 IP 流播出模式要小得多，主要用来均衡和补充两种主流的播出工作模式，其应用前景值得期待。浅压缩技术可分为 VC-2HQ 和 NDI 两种，是目前市场上运用最为广泛的主流技术，兼具技术成熟和运行良好的特点。参照 VC-2 压缩标准，作为 SMPTEVC 系列的一种压缩模式，可在提供各种不同的视频分辨率同时，将编解码延迟做得很小。可以提供类似无损压缩般的视觉感受，在播出中提供了优质的播出画面。

根据市场需求，NewTek 公司开发出一种全新的 NDI 标准，可将多个视频系统进行同步后，实现相互身份识别与互联，提供精确到帧的音视频编码以及传输和接收，从而保证了低延时、高质量画面的播出要求。这种类型的浅压缩方式，在市场上已经得到很多厂商支持，在新媒体演播室搭建与制作方面有着广阔的应用前景。在广播电视的传统领域，浅压缩方式尚需更多厂家支持，技术应用还需要进一步开发、完善和提高。目前国内 IPTV 播出系统主流的播出方式仍然是压缩 IP 流播出模式，主要原因是现阶段该模式具有比较成熟和完善的技术支撑，积累了丰富的经验，方便实施。IP 播控系统依据功能来划分，可分为前端管理和后端服务两个组成部分。前端管理主要司职于监看和应急处理功能，对播出状态、播出信号以及系统状态进行监看，适时保障应急处理。播出控制的监看通过访问浏览器的方式进行。

与IP播出相关的服务单元、包含播出列表在内的播出控制单元、与各类素材相对应的接口、云上编单、节目内容管理、播出技监等几大部分共同组成后端服务系统。播出监管服务系统向前端管理系统发布后台数据并提供访问。

3．播出技监系统

技监系统按监看模式来分，可归类为两种。第一种是现阶段比较常用的、针对TSoverIP播出模式进行的监看。在该播出模式中，对播出中采用MPEG-2、H.264编码的TS流数据进行监看和监测。在系统多画面实时监看中，会不时出现画面晃动、马赛克、黑场等故障。究其原因，主要是视音频数据传输过程中，不可避免地出现不同程度的延时或丢包。第二种就是前面提到的浅压缩方式。通过互联网将数据传输到播出值班监测端口，进行解码，完成符合IP播出系统输出要求、与浅压缩信号相对应的监测和监看。由于这种浅压缩方式在数据传输过程中，具有质量高、延迟低的特点，在信号切换、节目暂定变更、图文调整方面都有着极其优异的表现，具备了与传统SDI播出系统相媲美的操作和体验。

4．动态资源池技术

动态资源池技术被广泛应用到融媒体处理中心。根据整个网络系统的数据存储及信息资源搭建起一个具有虚拟化功能的媒体处理中心，进行统筹调配。其技术核心包含MD5、转码、技监、节目迁移等功能模块，能对整个媒体系统的相关文件进行综合性和高效性处理。其主要功能模块具有以下几个方面的特点。

首先，针对网络环境下传播媒体中的各种物理信息和资源进行抽象，映射到一个相对应的数据库中，构成媒体信息处理的基本执行单元，并把每一个执行单元都当作一个数据库的资源点来对其进行管理。充分利用软硬件资源，均衡地分配出自己的任务。服务器端根据数据和资源使用状态，对数据进行分析后，再给执行单元派送新的任务。一旦平台资源出现紧缺时，就可以更加便捷地对平台进行扩建。此外，该系统还添加了人工干涉的功能，支持通过人工来指派任务。因此，所有执行器单元不但更加易于被加入整个集群中去，而且可以很方便地从集群中脱离出去（离线）。（张聪，2019）

其次，整合系统诸如包括 CPU、内存、GPU 等在内的硬件平台，将这一类的计算资源统一投放到系统的计算池中，再根据实际软件的状态和使用情况，对这些计算资源进行池化和处理，完成计算资源的动态分配和规划。在这个过程中，物理资源或虚拟机被用来进行数字化能力的抽象，最终构成媒体处理的基础性执行单元。这个过程被称为动态资源池技术。在实际播出过程中，节目素材的长度、播出时间、存储位置等策略都有所不同。无论在转码还是技审时，都必须对相应的文件档案信息展开分布式处理，围绕整个网络环境中的数据存储以及系统计算资源，统一筹划，合理调配。由于对每一个单一数据进行分块、多方案、分布式处理，加速了每个基本执行单元的处理速度，借此优化了整个系统的运行，同时提高了工作效率。网络技术的进步和迅猛发展，给诸如广播、电视台等各种传统媒介带来了更多的机会和挑战。基于互联网 $^+$ 融合传媒云平台的 IP 播控系统搭建，针对新兴传播媒体与移动终端之间的相互适配性能力，进一步扩大了传统广播、电视节目的播出模式和内容分发渠道。传统媒体与新兴媒体的融合，以及现代网络媒体的传播成为当前主流的传播途径。基于互联网融合传播媒体云平台的 IP 播控系统的建设已经成为当下我国广播、电视、网络播出技术部门工作的重中之重，广大广播、电视技术工作者肩负的担子任重而道远，不忘初心，砥砺前行。

三、融媒体技术在实践中的成功应用——以中央广播电视台为例

（一）案例一：2020 年春晚

2020 年中央广播电视总台（简称总台）春节联欢晚会（简称春晚），

总台在 5G、4K/8K、AI 等技术领域创造了多个首次突破。

第一，5G 技术助力春晚会场网络信号全覆盖。在中国移动、中国联通、中国电信三大运营商的协助下，在 2020 年春晚主会场与粤港澳大湾区分会场和郑州分会场实现 5G 网络信号全覆盖，加速推进 5G 网络化建设与应用。

第二，利用 5G+8K 技术，首次实现 8K 版本电视节目制作。鼠年春晚，总台在主会场与粤港澳大湾区分会场和郑州分会场部署 8K 讯道摄像机，通过 5G 网络实时回收节目信号，同时三地部署多台 8K 单机进行春晚节目收录，采用自主知识产权的非编系统，对不同形式的 8K 素材进行剪辑、调色、合成，制作出色彩丰富、影像逼真的 8K 版超高清电视春晚，为总台 8K 电视节目体系建设储备有价值的节目资源。

第三，利用 4K+IP 技术，首次实现高清版春晚和 4K 版超高清春晚同步播出。这次春晚，总台在主会场和分会场采用多台 4K 超高清设备，同步输出 4K 超高清和高清节目信号，采用 IP 技术智能联动制播，保证高清版和 4K 版春晚节目同步直播，让观众在欣赏高清春晚的同时，还能在 CCTV4K 频道收看色彩更绚丽、画质更清晰的 4K 版春晚。

第四，借助 AI 智能编辑技术快速分发。AI 智能编辑技术首次应用于鼠年春晚节目制作，通过人脸识别、动作识别、物体识别和图像识别等技术手段，对《春晚进行时》等多档新媒体节目直播中的精彩短视频进行快速剪辑和发布，极大地提升了节目制作的效率。

（二）案例二：央视频、云听正式上线

央视频是利用融媒体技术建立的首个国家级 5G 新媒体平台，于 2019 年 11 月 20 日正式上线，是总台运用融媒体技术全新打造的视听新媒体旗舰，其利用人工智能分析技术，建立总台算法，为用户提供千人千面的服务场景。利用 5G+4K 技术实现 4K 内容服务及 4K 投屏体验，为用户提供耳目一新的视听盛宴。同时，利用 5G 技术，创建 5G 网络环境，用户既可体验到精彩的短视频内容，也可在线收看直播节目内容，是总台应用融媒体技术的创新与突破。云听是继央视频上线之后总台推出的声音

新媒体平台，其基于人工智能技术和 5G 网络，主打听精品、听广播、听电视三大内容版块，为用户提供高质量的声音产品，是总台融媒体技术的又一次全新实践。

（三）案例三：珠峰登顶 5G 直播

2020 年 5 月 27 日 11 时，2020 珠峰高程测量登山队成功登顶，总台为高质量完成珠峰登顶 5G 直播，联合各方制定了 5G 网络搭建、信号覆盖、回传测试等周密的技术方案，让珠峰登顶的高清视频画面甚至 4K 视频实时回传和多路直播，让全世界见证了这一攀登绝顶和高程测量的全过程。

四、融媒体技术未来发展难点浅析

总台在融媒体技术的应用领域，取得了相当丰厚的研究成果，在技术实践方面创造了多个首次突破，如首次制作 8K 版鼠年春晚、AI 智能技术首次亮相鼠年春晚多平台制作发布等，成绩虽然显著，但依然存在一些亟待解决的难点问题和挑战。

（一）4K 超高清节目与高清节目同播时，上下变换所引起的技术质量控制

4K 超高清电视相对于高清电视，分辨率提高了 4 倍，亮度指标增强了 10 倍，色彩丰富度增加了 1.5 倍，导致在 4K 电视节目与高清电视节目同步播出时，动态范围 HDR 和 SDR、色域 BT.2020 和 BT.709、清晰度以及量化深度等方面存在相应的映射关系，稍有不当就会出现清晰度差、亮度过高或过低、色彩失真、人脸肤色还原差等问题，影响播出技术质量安全。

据此，总台推出《中央广播电视总台 4K 超高清电视节目制播技术规范（暂行）》，制订视频前后期制作的操作规程和关键技术参数，旨在严格控制超高清节目与高清节目同播时的技术质量，保证播出时的节

目质量安全。按此规范，总台已成功完成 2019 年国庆 70 年庆典、2020 年鼠年春节联欢晚会等大型活动的 4K 超高清与高清同步直播。

但大型活动同步直播案例的成功，并不代表日常节目生产中同播技术的广泛成功应用。如何在规范化、集约化的节目生产过程中，应用融媒体技术，不断提升制作技术和监测技术水平，在超高清与高清节目上下转换过程中，保证技术指标安全，具体到每一帧画面和声音的播出安全，并减少人力成本，节约生产时间，兼顾艺术创作的空间优势，是未来发展亟待研究和解决的问题。

（二）针对 IP 技术的安全监测

IP 技术在融媒体时代发展迅速，其适应超高清电视节目传输信号带宽高、信号数量多等多项要求，可以实现大批量节目信号的调度与分发，在超高清电视发展进程中，展现出巨大的潜能和优势。现有的 IP 技术监测手段较为单一，只能针对单一媒体信号进行监测，对于整体传输网络状态的分析仍是空白。

未来需要研究和解决的重点问题主要有：遵循 IP 传输协议，对 IP 网络拓扑进行整体分析；获取 IP 传输协议对各数据节点信息的影响，实时抓取故障数据，研究故障数据发生的原因及找到有效的应对方案；实现故障数据的归纳和导出，根据故障数据对系统造成的影响划分报警级别；加强 SDN 对网络交换机及媒体节点的管控等。

只有充分了解和掌握 IP 技术的网络架构、网络状态和易发生的故障盲区等，才能实现对 IP 技术的安全监测，保障系统运行，从而对 4K 乃至 8K 技术发展提供坚实的技术基础。

（三）AI 技术与节目生产的深度融合

目前，总台已将 AI 人工智能技术成功运用于少数节目的制作生产，但距离节目制作的广泛应用还有很长的路要走，评估 AI 复杂应用的技术可行度，基于 AI 重新设计生产流程，推动 AI 技术在媒体行业的深层次应用等，都需要我们不断地研究探讨。

以 AI 人工智能语音技术为例。AI 人工智能语音技术是近些年发展起来的通过智能语音识别进行节目字幕制作、音频制作等的专项技术。通过该技术，可将传统电视字幕制作流程由听写、校稿、拍唱词、位置修改、非编检查等五个步骤，简化成语音 AI 转写、校稿、非编检查等三个步骤，简化了节目制作的流程，有效节约了节目制作的时间，减少了人工劳动成本，推动传统字幕制作向人工智能字幕制作的技术变革；同时通过该技术，可将普通人说话的语音转化为对应字幕，再将字幕转化为数据库里存储的播音员的对应语音解说，简化节目音频制作的流程，缩短生产时间，将传统的音频制作向人工智能化生产迈进。

人工智能语音技术有效节约了节目生产时间，在节目生产中已经被逐步推广使用，但是距离大规模的节目生产应用，还有较长的一段实践之路要走。其一，这种技术在节目字幕制作、音频制作上的准确率还有待深入研究，是否能真正节约和解放人力成本，相信随着技术的使用和开发，会有更大程度的提升；其二，这种技术是否能适用更多国家的语言，不只是中文，如果是法语、俄语等多种语种，该技术应用的准确率能达到多少，有待实践检验；其三，这种技术给节目生产带来的系统稳定性与安全性，仍待进一步考证。

（四）5G 技术的安全分析

5G 技术的安全分析主要包括关键技术、应用场景等方面的安全分析。其中关键技术安全分析主要包括网络切片技术、边缘计算、网络开放、软件定义网络等方面。应用场景安全分析主要包括增强移动宽带场景、超可靠低延时通信场景、海量机器类通信场景等方面。只有将网络风险降至几乎为零，才能安全有效地保证节目生产。

五、融媒体技术应用前景展望

当前，总台以一体化协同制作、多渠道协同分发，多终端互动呈现、全媒体精准传播为原则，全面推进融媒体技术体系建设。尽管仍然存在一些难点问题，但相信在总台全体技术人员的携手努力下，一定能够共克时艰，完成使命。相信在不久的将来，总台依托于 5G 技术，会制作出大量画质清晰、色彩鲜艳、声音逼真震撼的 4K/8K 节目，使观众在家就能享受到影院级的收视效果和体验；通过 5G 传输技术，随时随地可进行 4K/8K 移动直播，使用户及时准确地了解新闻、体育、财经等方面的最新资讯，享受到 4K/8K 电视影音所带来的视听新享受；在 5G 技术环境下，通过 AI 智能语音技术，快速进行节目生产；通过 AI 智能剪辑技术，快速分发视频短消息，使主流媒体的声音占据市场主导，加强主流媒体的舆论引导力、传播力。在融媒体技术向深度和广度发展的背景下，总台必将迎来崭新的发展前景，向着视网融合、移动优先、全媒体发布的智慧型广播电视媒体转型升级。（孟笛，2018）

在媒体融合发展的大趋势下，总台加快 5G 网络体系建设，推进 HD 向 UHD 升级换代，提升超高清节目制作能力和节目产量，充分运用云、大数据和人工智能等技术，再造融媒体生产和传播平台。从传统媒体向融媒体技术战略转型的过程中，总台取得了很多成功的实践经验，获取了先进的技术研究成果，但也面临一些亟待解决的难点问题。相信在全体技术人员的共同努力下，必将突破一个个技术难题，解决实际发展中遇到的困难，尽快完善总台的融媒体技术体系建设，真正完成从传统广播电视媒体向智慧型广播电视媒体的转型升级。

第三节　融媒体时代中心平台的建设

当前，我国的新媒体技术在人们的工作和生活中占有的比重不断增加，给人们的工作和生活带来了极大的便利。在新媒体环境下，为促进我国的整体发展，必须加强对媒体技术的监管和使用引导。目前，许多媒体都建立了融媒体中心，确立了以信息技术为支撑，内容建设为突破口，融媒体中心建设为着力点的广播电视传媒发展形势。因此，完善我国基层融媒体中心建设，对于我国的群众思想建设具有重要意义。

一、融媒体中心建设的意义

融媒体是充分利用媒介载体，将各类媒体传播载体具备的优势与各传播媒介互补，实现了资源通融、内容兼容、宣传互融以及利益共融的新型媒体。融媒体的发展能够更好地构建媒体产业发展的环境。融媒体中心的建设，旨在从我国的基层基础建设入手，通过传播媒介的融合，实现各类不同媒体传播优势的互补，通过多种传播形式，拉近与基层群众的思想距离。目前，我国的整体思想环境开放，各类新型的思想文化对基层群众的思想建设造成了严重的阻碍，而融媒体中心的建设通过各类媒介的融合，对基层群众的思想建设进行了有效的引导，更好地发挥了媒体传播在基层群众中的思想引导作用。在融媒体的发展过程中，电视广播产业也在进行一定程度的融媒体转型，借助各类新媒体技术，快速推动自身向前发展，更好地发挥了广播电视发展在人们思想发展中的重要作用。

通过融媒体思想建设的发展，依据科学合理的实践方法促进媒体融合发展，更好地推进媒体技术的融合发展，创造引导基层思想的新型环境。融媒体技术有效地利用这些传播媒介的优势，极大地发挥了其在基层群众中的思想引导作用。

二、融媒体中心建设的挑战

随着互联网技术的快速发展，新媒体技术在人们的工作和生活中逐渐占据了重要的传播地位。融媒体中心建设是为了拉近与人民群众的思想距离，而部分地区在融媒体中心建设过程中，对于融媒体的实际作用和相关影响作用缺乏理性思考，过度追求融媒体中心的覆盖范围，而忽略了融媒体中心的建设质量和对人民群众思想的影响程度。这种情况下，融媒体建设发展成本的急速上升，极易造成组织部门资金紧张，相关组织部门工作量快速加大，而受相关部门工作人员专业素质的限制，工作难以有效推进，对融媒体中心建设的发展造成了极大的阻碍。融媒体中心建设与传统的单一媒体技术平台建设不同，工作人员所需具备的专业素质应更全面，专业水平要求更高，很多的工作人员的专业水平本就一般，而符合融媒体中心建设要求的专业人才就更为缺乏，致使融媒体中心建设难以快速推进。

三、融媒体中心建设的相关对策

随着科学技术的快速发展，我国的媒体技术也在不断强化，许多新媒体技术不断涌现，对我国的传统媒体造成了极大的冲击。相较于传统媒体的传播形式，融媒体传播形式更为兼容，传播内容更加全面，并且对单一媒体传播的传播缺陷有很强的补充性，对媒体的发展具有积极的影响。在融媒体建设过程中，应加强对基层群众的思想宣传工作，并以当前的先进技术与互联网为建设中心，积极转变媒体发展思维，快速推进融媒体传播在群众思想观念中的重要作用，加强人民群众对融媒体中心的重视。相关部门在融媒体中心的建设过程中，应对当地的媒体技术和工作人员的专业水平有客观的认识，结合部门内的建设资金对建设区域进行严格考察，制订详细的建设计划，按照计划对融媒体中心的建设进度和建设方向进行严格管理。融媒体中心建设旨在更好地引导人民群众的思想观念和做好基层的思想建设工作，而不能作为一种积攒政绩的手段。

第三章　融媒体时代新闻写作的多维探析

第一节　新闻写作的机遇与挑战

融媒体时代的到来给我国传统报业带来了一定的冲击，目前我国传统的、单一的新闻写作方式已经无法满足受众的需求。在新媒体形势下，要积极使用全新的方式来表达和传递信息。本节详细阐述了融媒体时代下新闻写作遇到的挑战和机遇，仅供参考。

一、融媒体时代新闻写作面临的挑战

近几年，我国大力推动传统媒体与新媒体的融合，进而有效增强新闻舆论的传播力、引导力、影响力、公信力。大部分新闻写作已经突破了传统的模式，朝着更好的方向发展。同时，融媒体时代的到来给我国新闻写作带来一定的挑战，在新闻写作中不仅要实现媒体发展形式的多元化，而且要保证采用的媒体形式与老百姓的审美要求相符，是老百姓需求的信息。

除此之外，在新媒体发展中，新闻写作的指导和影响力必须不断增强。部分媒体为了满足读者需求，形式上推陈出新，但是在实际新闻写作中仍然使用传统的、落后的观点。在实际发展过程中过分重视点击量的提升，没有充分考虑信息来源的可信性，有时部分媒体为了走捷径会使用转载的方式。

在新媒体时代发展背景下，新闻写作的类型在不断发生变化，部分媒

体过分追求点击量，没有形成理性的写作思维，忽视了新闻写作的核心思想，最终导致新闻写作的庸俗化。

二、融媒体时代下新闻写作面临的机遇

在传统的新闻写作中，比较热门的话题是故事写作，新闻工作者撰写有趣的新闻故事来吸引受众的注意力，新闻工作者工作的最终目的是写出更好的故事。融媒体时代下，新技术被广泛应用，这大大增强了新闻的影响力和表现力，传统新闻写作在融媒体时代下面临着更多的发展机遇。我国相关专家学者认为，新闻写作是一种技能，具有较强的感染力。在新闻写作中，工作人员要实现新闻写作的戏剧化、故事化，重点描写细节和现场。

在融媒体时代下，每一个有较强表达欲望、对社会有思考和有想法的人都有可能成为优秀的新闻写作者。融媒体时代对记者要求较低，很多记者经过多次训练和自我学习，成为专业的、优秀的新闻工作者。

三、融媒体时代下创新新闻写作模式的方法

（一）有效整合新闻资源

融媒体时代下，新闻的制作和传播有了新的模式。在融媒体环境下，每一个参与社会实践的个体都是信息的受众，他们也是新闻信息的重要生产者。随着时代的发展和社会的进步，人们在日常生产和生活中接触的信息量不断增加，信息复杂度变得越来越高，在复杂的信息环境下，受众无法有效筛选出有用的信息。为此新闻工作者要不断创新和优化新闻写作模式，有效整合新闻资源，丰富新闻内容，进而增强新闻的真实性、可靠性，实现新闻信息传播视角的多样化。

（二）合理编排新闻，优化新闻传播形式

传统的新闻写作仅仅将文字和图片相结合。在融媒体时代下，新闻

工作者不仅要合理利用文字、图片等形式，而且要积极融入动态视频、音频等形式，促使我国新闻媒体事业朝着现代化的方向发展。融媒体时代，新闻传播形式发生较大改变，新闻工作者逐渐摒弃了传统的平面化模式，形成了全新的全方位立体化模式，满足了广大群众对新闻的多元化需求。例如，某报业集团为了满足时代发展需求，加强改革，鼓励新闻工作者在写作中使用流行的网络语言，拉近与受众之间的距离，给受众带来良好的阅读体验。同时，近几年该报业集团积极开展新闻工作者的专业培训工作，严格要求新闻工作者提高新闻工作者的专业化水平，提升新闻的真实性和有效性，增强新闻的视觉效果，提升新闻传播质量和效率。

（三）优化和完善新闻动态报道手段

新闻的动态性是其健康发展的重要基础，要想满足融媒体时代的需求，就必须全面更新新闻制作技术，完善新闻动态报道手段。为此相关部门要不断提高信息的整理、传播和制作技术，优化生产流程，在市场竞争中占据主导地位。同时要积极实施线上线下相结合的报道手段，优化受众获取和了解信息的方式，鼓励受众根据自身的需求选择获取新闻的途径。

第二节　报刊类新闻写作分析

一直以来，传统的媒体大多以电视、电台、报纸以及杂志等形成较为统一的一体化服务，因此传统媒体本身也拥有比较系统完善的新闻资料来源、运营方式以及采访队伍。这些完备的各系统都可以独立发展，呈现出较快的发展态势。然而随着融媒体的横空出世，这些新媒体对传统媒体的发展造成严重的冲击，因此传统媒体这种资源较为分散、各系统各自为政的运营模式已经无法满足媒体未来的发展趋势，媒体资源的整合势在必行，一方面需要传统媒体在管理体制上进行融合，另一方面需要传统媒体与新兴媒体在新闻内容、采访渠道、展示平台、经营方式和管理等方面进行深度融合，从而形成多样立体、融合发展的现代传播模式，最终建设成具有强大实力、传播力、公信力和影响力的新媒体集团。

一、报刊类新闻写作的现状

无论在哪个时代，媒体发展最终的目标都是满足读者的需求，这也是检验一家媒体能否继续生存的重要依据。所以，任何媒体的转型发展都不可避免地需要迎合读者的习惯，进而围绕着读者的真正需求来进行探索和创新（许娟，2015）。

但是，传统报刊类新闻写作的信息在这个信息爆炸的时代，有着一些新兴媒体所不具有的特色，同时也存在不少的问题，报刊类新闻写作的优势就是可以牢牢抓住一些老读者的阅读习惯，同时给人的感觉就是新闻写作更加严谨、细致，新闻内容更加真实、可靠，相对来说更具有权威性。然而报刊类新闻写作与新兴媒体相比，劣势也相对明显，如新闻信息传播慢，突发新闻传播不及时，新闻内容展示类型单一，对于年轻读者来说吸引力较小等。

因此，在融媒体环境下报刊类新闻写作的发展，需要在传统媒体的基础上，结合新兴媒体的优势特点，发展出一条既能够让读者可以快速了解新闻信息，又可以对新闻信息进行深度分析的道路。

二、融媒体环境下报刊类新闻写作的策略

（一）以新闻内容为基础，坚持主业的发展

报刊类新闻写作的专业性和权威性不是一蹴而就的，这是通过我国新闻从无到有，经过几代先辈们常年日久不断摸索和积累逐渐建立起来的。而现在融媒体的发展道路正是沿着报刊类新闻走过的道路前进，并且能够依托自身的优势，以更高的效率和更快的速度加速发展。因此在当前环境下，传统的报刊类新闻写作首先需要做的就是以扎实的新闻内

容为基础，坚持主业的发展，坚守自己本身的权威优势，在新环境下主动创新，然后在转型的发展当中平稳过渡。

报刊类新闻等传统媒体赖以生存和发展的核心主业就是新闻内容产品的展示，无论在任何时候都不能舍弃或者荒废这个主业的发展。然而在信息技术的进一步推动下，融媒体的快速发展，一方面让新闻内容生产能力过剩，另一方面也让新闻内容展示在受众面前的门槛变得越来越低。因此，要想报刊类新闻写作在这个混乱的媒体中独辟蹊径，找准自己发展的方向，就需要坚持自己的主业发展，通过创新，进一步增强自身的传播力和影响力，致力于打造与众不同的新闻产品内容，也就是差异化新闻的打造。然而差异化新闻内容并不是凭空想象出来的，它必须找到恰当的切入点，一是要和报刊本身发展和历史的传承有关，二是要坚守报刊原有的核心价值观和受众这个群体的定位相吻合。比如现在较为权威的人民日报、环球军事等报刊，它们可以依托自己在各领域积累的有着深厚底蕴的专家学者继续坚持自身主业的发展，对新闻进行深层次写作，让读者能够通过清晰明了的分析读出新闻的本质所在，发布权威的新闻信息，同时依据"两微一端"等新媒体，创新新闻的展示方式，继续扩大报刊新闻在行业中的影响力。

（二）转变新闻写作理念，适应融媒体业务发展

当下许多报刊新闻的写作已经融入时代发展的潮流，在保有自身传统业务的同时，也在不断地开发自己的互联网门户网站、手机端 App，开通官方的微博和微信，积极发展新媒体的作用，立体全天候地扩大自身的传播影响力。但是应该注意到的是，融媒体的发展虽然对新闻的推广发展起到了一定的作用，但是同时也对人员的利用和报刊新闻的写作提出了新的要求。很显然，传统的报刊新闻写作已经无法满足多平台多种媒体传播共同发展方式下的经营，因此为了改变这一局面，需要传统媒体积极地转变新闻写作的理念，创新写作模式，根据不同平台不同的定位和传播特点，在新闻写作上要引进不同的传播形式，以便对新闻内容进行有效传播，从而实现同一个新闻内容能够在不同的新媒体上进行多种形式的

资源共享，内容可以互通互融。

另外，融媒体的发展必然导致原有的管理模式不能完全发挥其效率，需要报刊新闻成立专门的融媒体统筹中心，对新闻的写作、传播、展示形式的定稿等进行统一安排，优化原有的内部资源，可以将采集的原始新闻素材，经过不同传播平台进行不同的写作加工，生成不同的传播样式。因此要对融媒体平台和传统的报刊新闻进行明确定位，让两者形成一种互相补充、互相促进、共同发展的道路。传统的报刊新闻写作要为新媒体这个平台提供权威而且优质的新闻信息发布，而新媒体平台则为报刊新闻的扩大传播带来了新的机遇，最终让两者能够融合在一起进行良性发展。

（三）坚持读者需求为本，开展针对性特色服务

报刊新闻在引入新媒体平台，利用融媒体继续扩大自身影响力的同时，始终需要坚持的一点就是报刊新闻写作的内容要满足读者的需要，时刻注意提升读者的阅读感受。为了达到这种效果，传统的新闻报刊写作可以从以下几点进行开展，即新闻报刊需要从大众化和本地化两个大的方面进行针对性的特色服务。

第一，针对面向全国大众的报刊，新闻的写作可以通过严谨的前期调研，对读者所需要的新闻内容、写作方式及内容深度反馈数据进行大数据分析，对所展示的新闻内容资源进一步地进行梳理和整合，对新闻写作内容进行类别细分，再通过融媒体的各种新平台按照读者的需求进行针对性推送，从而吸引大量的受众。如《人民日报》在进行融媒体平台展示的数字化升级中，按照突发新闻、经济新闻、政治新闻以及军事新闻等进行分类和索引，可以满足不同年龄段、不同社会阶层、不同受众群体的读者的阅读需要。

第二，针对本地化的新闻写作则要紧紧地抓住本地的地方特色，更加注重对本地的民生、民意进行特色报道和展示。由于是本地化的新闻写作和展示，则需要加强与本地读者的关联，积极地收集本地受众的反馈意见和建议，在新闻写作时将读者的反馈信息尽最大可能地表达到

新闻内容上去。当然地方性的报刊新闻还可以利用融媒体平台易于交互的特点，可以与读者直接展开新闻信息互动、讨论和评论，从而增加与本地读者的黏度，进一步加深与本地受众的关联，在新闻内容的写作上尽可能地开展针对性的特色服务。报刊新闻的写作只有坚持以读者的需求为本，开展针对性的特色服务，才能够让读者在融媒体时代下感受到阅读新闻时比较自由轻松的交互体验，使得报刊新闻更加受到读者的热捧，也才能够让传统的报刊新闻写作在新媒体各种平台的展示上更加地贴近生活、贴近读者，最终让传统媒体和新媒体有机地结合在一起，共同发展，共同促进新闻行业的健康且可持续发展。

总之，对报刊新闻行业来说，无论在什么时候，新闻内容为王的观念都不会改变，因此即使到了融媒体时代，也需要注重报刊新闻的写作，一方面需要传统的报刊新闻写作积极地融入互联网门户网站、微信及微博等新媒体平台；另一方面需要融媒体环境下的新闻写作坚持以新闻内容为基本，及时转变新闻写作的理念，积极发展。最后，要以坚持读者的需求为本，针对不同地域、不同受众开展针对性的特色服务，进而提升融媒体环境下报刊类新闻写作的竞争力，使得新闻这个行业能够在信息时代下能够自由、健康、可持续地发展下去。

第三节　纸媒新闻写作的转型与坚守

一、融媒体时代传统纸媒的写作挑战

融媒体是充分利用媒介载体，把广播、电视、报纸等既有共同点又存在互补性的不同媒体，在人力、内容、宣传等方面进行全面整合，实现资源通融、内容兼容、宣传互融、利益共融的新型媒体。随着 2014 年 8 月，中央全面深化改革委员会第四次会议审议通过的《关于推动传统媒体和新兴媒体融合发展的指导意见》，拉开了我国的媒体融合元年的

帷幕。传统媒体和新兴媒体的融合日益深化，媒体发展从相加向相融发展，并逐渐融为一体。当前，报纸不再只是一张报纸的概念，除了网络电子报纸的形式，两微一端也迅猛发展，如《人民日报》提出了"媒体结构"的概念，通过新媒体形式软硬件的配合对资源进行整合。这对于媒体的发展是一次挑战更是一种机遇。在媒体发展中除了在形式上实现多元化，还要能够考虑如何利用媒体形式产生符合百姓审美和需求的信息内容。

此外，媒体在发展过程中还要不断提升新闻的传播力、引导力、影响力、公信力。有的媒体在发展中为了不断推陈出新，研究了读者的需求，但在实际操作中仍然采用新的方式传播陈旧的观点；在发展过程中仅仅是为了增加点击量，不管信息来源是否可信，有时为了走捷径仅采用转载的形式。融媒体时代下的新闻写作在不断转型，在追求点击量的浪潮中失去了写作的理性思维，不注重故事的思想核心，最终走向庸俗化。

二、融媒体时代传统纸媒写作的转型思考

纸媒文本写作方法直接关系到写作的质量和信息含义的表达。融媒体时代要求纸质文本必须坚持创新，采用最新的方式书写文章，挖掘新闻的内涵和厚重感，并借鉴网络媒介的优势，突出纸媒文本讯息的人文气息，使新闻更好地贴近读者，因此报纸记者与新闻编辑可从如下几方面探索。

（一）媒体观念的转变

当下的媒体世界呈现在我们视野的是这样一幅情景：越来越多的读者已经变成了网络用户，新闻消费的时效性进入读秒时代，受众对信息的需求日益多元化。传统媒体的生存环境日趋恶化，狼烟四起，危机四伏。在媒体演进过程中，有人把新媒体喻为"狼"，传统媒体与新媒体之间的关系，从"狼来了"，到"狼真的来了"，再到

"与狼共舞"。传统媒体在"与狼共舞"的过程中是否会被"狼"吃掉，我们不得而知，但最起码是处于随时可能被吃掉的危险境地。面对势头强劲的新媒体，报纸生存和发展的空间正被挤压得越来越窄。传统媒体的从业人员理应意识到这种潜在的危机，理应具有忧患意识。

（二）写作风格的转变

融媒体时代的新闻写作从"要我写"逐渐转变为"我要写"，媒体不能仅仅满足于数字化、联网方式，还要能够在理念、表达、技术、体制等方面进行相应的创新，以更好地促进新闻写作的发展。当前，信息传播的渠道更加多元，从报纸、电视到微博、微信等，任何时间、空间都可以发送信息，信息主体在心灵能够找到归属。融媒体时代，语言可以被更加完美地表达出来，人们能够在文章中感受到美感和宁静，这是新闻写作的最终目的。各种写作和表达的方式相继出现，而写作的目的是传达思想和语言，融媒体时代的表达方式使人们细致地观察、思考世界和社会。媒体形式的不断发展，为传统媒体写作提供了新的契机。例如，当前的新闻标题已经突破了传统媒体时代对高精度的要求，能够更好地满足读者的需求，能够应用新颖、鲜活的关键词传播新闻信息。融媒体时代，新闻媒体要能够使用简短的语句传递信息，使人们能够在短时间内接收到自己想要的信息，进而不断满足人们的社会需求。

（三）创作思维的转变

互联网的传播和发展给读者带来了新的体验，人们从原来的被动化阅读转变为主动地获取资讯。读者对新闻报道同样提出了新的要求，有了更多的自主权。传统媒介必须结合时代背景，给用户带来新的体验，将报纸与互联网相结合，扩展报纸的范围，做好数据的统计和搜集，提出新的阅读化方式。互联网时代，网络信息传播最大的特点就在于图文并茂，能够通过语音、音频、视频、文本链接等多种样式给读者带来新的体验，追寻故事背后的故事，将看似简单的材料整合起来，做好编纂，挖掘背后的深刻道理，打破单纯报道信息的论述格式化风格，树立写作创新的新思维。

三、融媒体时代传统纸媒写作的坚守

（一）公共视野下，情感价值取向

深入实际、深入生活、深入群众，是无论任何时代新闻工作者都应恪守的职业准则。

在融媒体时代下，传统纸媒写作不仅需要顺应新的传播表达方式，更应凸显公众视野下人文关怀的情感价值取向。新闻写作应与时代主旋律相适应，强化人文关怀，树立正确的新闻报道价值取向，发挥积极的舆论导向作用。

（二）与时俱进，为读者服务

互联网时代的到来，给人们的阅读方式增添了新的色彩，人们足不出户便可以及时快速地获取信息，打破时间与空间的限制。在新媒体时代到来之时，纸质媒介的书写方式当然也要进行改进，要坚持与时俱进的思想，突出读者的重要性，为读者服好务。具体而言，纸媒文本写作要做好信息的整合与利用，通过有态度的报道表明自己的观点，突出写作的民间范。要汲取新媒体文本的优势，从民间获取智慧，使文字更接地气，更丰满。对此，记者和编辑人员可以多做调查，与读者加强联系和交流，了解他们的诉求，改变单一的创作模式，更好地与时代接轨。

在新的媒体时代的大背景下，传统的纸媒阅读方式正在被新的网络阅读取代，其地位也被动摇。如今，信息传播迅速，人们对资讯的要求越来越高，快速性、真实性都是传播的关键。面对这样的情况，纸媒文本写作必须坚持创新，在写法上贴近读者，创新界面样式，做好设计工作，从民间汲取经验。此外，还必须坚持读者的中心地位，通过写作表

明立场和态度，挖掘深刻的新闻内涵，从不同的侧面做出评论，用更多元的写作方式吸引读者。

第四节　广播电视新闻写作的语旨意识

在当今融媒体的发展背景下，多元化网络媒体平台的兴起和推广，给传统的广播电视新闻行业带来了前所未有的压力。面对激烈的新闻市场竞争，更好地把握广播电视新闻的内容，在新闻的写作过程中，提升新闻素材的效率和质量，让社会新闻受众能够在最短的时间内把握新闻事件的重点，这对广播电视新闻行业的发展具有很高的价值。本节以融媒体背景下广播电视新闻写作的主旨为研究视角，以新闻写作的优势，提升广播电视新闻行业的市场竞争力。同时，这也是融媒体时代下广播电视新闻行业发展的重要契机。

一、新闻写作语旨意识的概念和内涵

新闻素材的写作，都是依据某一社会热点新闻事件或问题，向新闻受众传达信息，让新闻受众可以快速地了解新闻事件。而新闻的主旨就是广播电视新闻写作的核心思想，和语文课程中的文章主旨大致相同，就是新闻事件中所表达的核心内容，其对于整个新闻写作都是极为重要的，只要充分地表达，让社会受众了解到新闻的主旨，才能有效地凸显新闻内容的市场价值。

而所谓的意识，就是从新闻工作者的角度来分析的，运用一定的新闻写作技巧，受一定的意识为指导，让整体的新闻内容更具有方向性，如新闻的受众意识、法律意识、人文意识及创新意识等。总之，新闻写作的语旨意识是新闻写作过程中不可忽视的重要因素。

二、融媒体时代下广播电视新闻写作所需要的技巧

（一）关注新闻的时效性

在互联网时代下，信息的传播路径呈现多元化的发展趋势，信息的传播速度也越来越快，这对广播电视新闻的时效性提出了更高的要求。因此在获得新闻素材到新闻写作的过程中，要切实关注新闻的时效性，在保证新闻质量的同时，尽可能地缩短新闻内容的写作时间。

另外，在新闻的语旨意识把握中，以及语言和文字的运用中，也要切实做到写作的短小精悍，让社会受众在最短的时间内获取新闻信息，同时也能在最短的时间内，理解和全面掌握新闻事件的主要内容和思想。这是提升广播电视新闻行业市场竞争力的关键。

（二）切实保证新闻事件的真实性

新闻的价值就在于它的真实性。在新闻的写作和加工过程中，为提升新闻的社会效果，既要用多种方式对新闻事件的描述进行处理，也要保证新闻事件的真实性。只有切实坚持新闻制作真实性的原则，才能提升新闻事件的存在价值，让社会新闻受众产生一定的情感共鸣。

（三）关注写作的角度和细节

由于新闻市场具有一定的复杂性，新闻受众看到新闻事件的角度和认知也有所不同。因此在融媒体背景下，为了切实保证新闻事件可以引起社会主体的共鸣，要从多个写作角度来描述和阐述新闻事件，切实满足多元化新闻主体的需求。

不仅如此，新闻工作者在新闻写作的过程中，要切实关注新闻素材和写作的细节处理，从微观的角度上，全面理解新闻事件。新闻写作细节处理得到位，才能让新闻内容更加生动，让受众更容易被吸引和打动。

三、融媒体时代下广播电视新闻写作应坚持的原则

（一）严格遵循新闻写作的基本要求

广播电视新闻写作是一项复杂的工作，工作人员要时刻坚持基本的写作要求，审查新闻素材的真实性，检查写作语言和词汇的规范性、专业性，保障新闻传递的时效性等，这些都是新闻写作的最基本要求。在新闻写作的过程中要切实把握新闻的要求，遵循新闻写作的基本原则，保证新闻写作的整体质量和市场效果。

（二）内容精炼可靠

新闻事件往往是一件复杂的事情，有新闻事件发生的背景、进展情况以及最后的结果等。但是由于新闻报道受时间的约束较大，给观众对新闻事件的全面了解带来难度，需要新闻工作者在写作的过程中切实做到精简新闻素材，把握新闻的语旨意识，运用内容精炼的语言和文字概括整体的新闻事件，让社会新闻受众用最短的时间，全面了解整个新闻事件的背景和内容。这才能真正地体现出新闻写作的价值和意义。

（三）内容简单，易于理解

社会新闻的写作是为了社会受众更好地获取新闻信息。因此，在新闻写作和编辑的过程中，新闻工作者要运用简练的语言和文字，来阐述新闻素材，做到新闻事件易于被社会观众所理解和接受。同时也能让新闻素材去繁从简，更易于新闻素材语旨意识的凸显。

另外，在某种意义上，新闻写作的表述是新闻写作过程中应该关注的问题，广播电视新闻工作者在写作的过程中要避免写作过于华丽。运用平实的表述，会让新闻的内容更加真实，也可以让受众更加深刻地了解新闻内容，不受语言和词汇的误导。

四、如何在新闻写作中把握新闻的语旨意识

（一）运用陈述句阐述新闻事件

在新闻素材的写作过程中，很多情况下都需要新闻工作者通过自身的观察和采访才能搜集到最全面的信息，在整理和写作的过程中，要切实提升对语言和写作手法的关注，用陈述句来阐述新闻事件，让社会受众觉得新闻素材本身的真实性更高，同时通过陈述的方式将新闻素材的发生背景等再现，也会让社会新闻受众有更加直接的心理和感情体验。帮助社会群众更好地把握新闻事件的主旨，切实有效地发挥新闻工作者新闻传递的作用。

（二）以主动句的形式展现新闻内容

要让社会受众更好地把握新闻的语旨意识，更加全面地了解新闻素材，关键的就是确保对新闻描述的真实性。在融媒体的背景下，新闻的写作大多用主动句的形式来加工，以此让新闻受众更好地接受新闻事件，同时在新闻工作者的角度上也能让新闻素材更加生动和形象。运用主动句可以将新闻素材更好地展现给观众，让观众切实地了解到关键人物的心理状态以及行为等。因此，运用主动句可以让新闻事件的阐述更加生动，让新闻信息更具有生命力和感染力，同时也能让新闻受众更客观公正地把握到新闻的主旨。

（三）保障新闻的主旨关系满足播报的需求

在广播电视新闻工作中，新闻编辑人员和播报人员是两个密不可分的岗位主体，编辑人员的新闻素材编辑工作为播报人员提供了依据，同时播报人员也让新闻编辑工作更具有价值。在某种意义上来讲，播报人员与编辑人员具有特殊的关系。在广播电视新闻写作和播报过程中，难免会遇到很多数据，编辑人员要将数据信息转化为文字信息，这是因为社会新闻受众对于数据的理解容易产生偏差，这就需要新闻写作人员将

这些数据进一步转化为文字以展现出来。例如，对 5430000 这个数字的概况和阐述，需要写作人员将其转变为 543 万，以此让社会新闻受众准确地了解新闻信息。同时也利于广播电视播报人员的信息输出和传递。

（四）运用短句来阐述新闻素材

对于复杂的新闻素材，社会新闻受众由于关注的视角不同，很难切实把握到新闻的主旨意识，这就需要新闻写作工作者在新闻编辑和写作过程中尽可能地运用短句来阐述新闻素材，描述新闻内容，在断句上更加明确，可以让新闻播报人员做大语义上的正确停顿、新闻内容的准确把握，避免因为出现语义的错误而误导社会的新闻受众。对于新闻受众来说，短句也能够更好地理解新闻内容。

综合上面的阐述和分析，在融媒体背景下，广播电视新闻行业的市场竞争日趋激烈，要想改变广播电视新闻在市场上的被动局面，需要切实在新闻写作过程中进行优化和策略创新，把握新闻写作过程中的主旨和意识，让广播电视新闻工作更具有时代和社会的价值。

第四章 融媒体时代新闻的制作与生产

第一节 微博、微信新闻的制作与生产

一、微博新闻的制作与生产

（一）微博新闻的兴起

微博在中国社交性质相对较弱，但发挥了同样的新闻传播、社会动员的功能。尤其当一些关乎社会问题、官民冲突、权力腐败的公共事件发生时，由于传统媒体的传播速度较慢、报道空间受限，当事人、目击者以及新闻从业者更有意识地利用微博的裂变式传播效应，以发文、转帖、关注的围观力量进行传播和动员，而且微博在当下更具有应对管制的突破意义和社会参与的抗争意义。普通用户作为基数最大的受众，他们是所有微博新闻价值实现的终端指向。

（二）微博新闻的写作特点

1. 微博新闻的文体特征

文体特征即新闻传播的文章体例特征。因为字数的限制，微博新闻大多采用传统纸媒中的一句话新闻形式，简略地概括新闻事实。

从篇幅上来看，微博新闻篇幅简短，内容简洁，多不过一百来字，少则甚至只有几个字，仅展现重要的新闻要素。

从结构上看，单篇微博结构简单，报道角度单一。篇幅限制导致一条微博无法承载太多的信息量，因此一篇微博新闻基本上只能报道一个事件、一个情境、一个观点，因此相关新闻的配合发布就显得尤其重要。

从内容上看，微博新闻也会注重花絮和细节原生态的记录。

从表现方法上来看，微博新闻以记叙、描述为主，议论为其次，而总体上来说，在跟进事件发展状态的时候主要以叙述为主。

从表现手段上来看，微博新闻后也往往附带图片、音频、视频等多媒体内容，而在一些情况下，附带内容才是真正的新闻主体。如前所述，文字后的附加内容既能通过占据更大的空间来引起注意，也能提升受众的认知层次，补充因微博字数有限而无法全面描述的事实细节，即所谓的无图无真相。根据可获得论，受众首先会选择接触更容易获得和理解的直观内容，因此，懂得运营的新闻媒体微博基本上会为每条新闻配图，不仅因占据更多的空间而显眼，也增强了新闻的受众可感知到的真实，对同一事件的连续图文播报也可以作为一种新的直播方式。

2. 微博新闻的写作形式

不同的写作手法影响受众的态度及行为，微博新闻的写作形式一般分为标题式、导语式、评论式三种。

（1）标题式。引用新闻来源的标题，或者是新闻主体的关键词句，在标题后面附带了新闻链接，可以点击查看详细报道，意图将用户导流至媒体网站以增加点击率，主要见于时政新闻或商贸新闻。虽然标题式微博新闻节约人力时间，但稍显诚意不足，过于实用主义。除非标题本身就足以概括全部事实，除非事件本身有着不俗的新奇度，否则信息量有限，吸引力和传播效果也注定有限，这是早期微博新闻的特点，现在已不多见。

（2）导语式。完整新闻的导语成为微博新闻的主体，以【 】里的简短内容作为微博新闻的标题，在此基础上按照传统新闻的写作规范补充信息，添加不在导语中出现的事件要素。这种写作手法尽可能地突出事件的核心信息、人物的显要话语、评论的主要观点，但也面临一个矛盾，即是否在信息后添加网页链接。如果添加，即使采用网址压缩，链接也会压缩140字的写作空间；如果不添加，读者就很难进一步了解完整信息，了解事件的背景环境及具体的来龙去脉、人物话语的前后语境、评论观点的思维逻辑。如何取舍，由具体新闻事件决定。

（3）评论式。用近乎口语的风格转述新闻，与生硬的传统报道方式相比，更接近于表明发布者态度告知，例如采用或活泼或戏谑的用语，在其中加入网络流行语以增加亲密度，以问句收尾诱导讨论，通常见于社会新闻，契合微博用户浅阅读的层次。在广告和传播学中，充满人情味的新闻有助于受众的互动参与，因而得到更广泛的传播，评论式微博新闻不是对原文的简单缩减，而是增添人情味的再创作，反映了博主的服务态度。

（三）微博对新闻生产及新闻观的改变与冲击

技术革命对社会形态产生了巨大影响。从 2009 年作为一种时尚出现在公众视野开启微博元年，到 2010 年被《南风窗》授予"年度特别奖"，再到"今天你微博了吗"成为新的社会流行语。直到今天，"微博从网民的狂欢变成公众介入公共事务最强大的工具"。微博改变了传媒生态和传播方式，成为重要的新闻源头，还以传统媒体不能比拟的裂变速度，传播着各种各样的信息、观点。

陈力丹教授总结了微博的五种特性，即"背对面"的关注机制、裂变式的传播路径、"点对点"的关联模式、"全程共景"围观式结构、"后台前置"的传播环境。他认为"微博为世界带来了一个人人都能发声、人人都可能被关注的时代"。（陈力丹，2012）正是在这样一个被 M·舒德森描述为巨大的"泛新闻工作者"的世界，美国《商业周刊》专栏作家、社会性媒体记者谢尔·以色列在《微博力》中预测："新老媒体将在短期内实现融合，我把这种融合称为'辫子新闻'，由传统媒体、公民新闻、社会性媒体三条绳组成……正在改变人们获取消息的方式。"（谢尔，2010）

实际上，作为新媒体的代表，微博这一社会性媒体不只是改变了人们获取信息的方式，更为重要的是，在微博传播的语境下，新闻生产方式发生了变革，传统的信息传播者与接收者之间的界限变得模糊起来，新闻真正变成"在路上"——伴随着新闻事件的发展,新闻报道不间断地更新,新闻生产真正成为一个动态化的过程。于是,一个新的问题产生了,从传统的职业化的记者采集发布信息,到全民行动传播信息,新闻生产者某种程度上的变革,对整个新闻生产带来不可小觑的影响。下面通过梳理微博语境下的新闻生产过程,或者说微博具体影响着的新闻生产过程,来反观微博这一新技术的运用对新闻观及新闻生产的变革意义。

1. 新闻生产与微博的角斗

根据传播学四大先驱之一拉斯韦尔提出的经典传播模式"5W 模式",信息总是经由某个渠道(媒介)从信源流传到信宿,这个模式虽然是单向性、直线式的,却呈现了信息流通的主要过程,并且界定了传播学的研究领域,即控制分析、内容分析、媒介分析、受众分析、效果分析。(田中阳,2009)新闻作为被呈现和报道出来的信息,从其生产的过程和流程来看,微博的影响贯穿于报道流程的每个环节。可以说,微博以出其不意之形侵蚀着新闻生产这块奶酪,尤其是在新闻采集、新闻制作以及新闻发布这三个环节上,微博显示出了其强大的侵蚀性。

(1)新闻源的全民化。

不论是 M·舒德森还是 G·塔奇曼,都肯定新闻源(信息源)是新闻生产的第一环,信源是媒体权力的秘密,新闻作为新闻从业者和信源之间交换的产物,新闻从业者更倾向于选择体制内的信息源,而不是普通人提供的信息。而这个体制内的信息源,借用巴西一位编辑的话,就是"政府是信息的主要来源,它发生的每件事情都有重要性……这是最低限度的新闻法则。以政府为基础的新闻实践,比以社会为重点的新闻实践更快捷和更容易"。由此可见,在传统的新闻生产中,新闻源主要来自权威的政府信源,尤其是在"接近高层政府官员是一种稀缺资源"的前提下,政府信源成为各路新闻从业者竞相追逐的对象。除了政府信源这一主要的新闻源,新闻媒体自设的新闻热线、新闻记者自我发展起来的线人等网络关系,都构成了他们的新闻源。然而,这些新闻源都仅限于较为封闭的关系网络或窄小的圈子里。微博的出现将这个封闭和窄小的新闻源圈子打破。

微博从一开始作为一种社交工具，人们主要用来寻找好友，交流各种心得体验等私人性质的内容。可随着微博实时性、开放性、快捷性等特点的显现，它越来越多地扮演着一种新闻传播媒体的角色，实现了任何人、任何时间、任何地点、任何事情的组合和生产，即每一个微博用户只要拥有一部手机或一台计算机，能接收信号，就可以对发生在身边的一切大小事进行即时发布，而发布的信息通过微博特有的裂变式的传播路径能迅速扩散到万千用户（受众）。从这一角度来看，微博全民性的特点极大地扩大了新闻从业者的新闻源。而根据新闻价值的判定原则以及新闻制作的成本大小，能从微博这个巨大的信息库中跳出来成为真正的新闻产品，以下几种微博新闻源更能得到新闻从业者的青睐。

一是各种各样的官方微博，包括政府、企业等组织机构及其相关工作人员的微博。以新浪微博为例，其下实名注册的官方微博，因为经过了新浪微博的官方认证，其发布的消息兼具权威性和可信性，确保新闻从业者能够得到准确的信息。对于那些即使需要时间成本来进一步核实情况和细节的信息，也会因为政府与媒体天然的关系提升机会成本而完成信息采集。另外，一些有公信力的政府官员微博在网友间也会受到一定的追随。

二是那些热心公共事件和公众权益的明星或知名网友的微博。一位有"微博女王"之称的女演员经常在微博上发布一些弱势群体的消息，号召广大网友共同关注社会弱势群体。此类来自明星本身的名人效应，加上其庞大的粉丝群关注度，发布的消息一般都能引起广泛关注。

（2）新闻制作过程的社会化。

正如前文所强调的，微博改变了传媒生态和传播环境，新闻源全民化的表征为新闻从业者的职业工作带来了全新的机遇体验，曾经表现得更为职业化、专业性的新闻生产活动，如今变得更为社会性和大众化。

前文所述的三种主要的微博新闻源，对于新闻从业者来说，意味着有料下锅，因为这些信源就像"记者"一样发挥作用，尤其是来自各政府机构的信源在他们的机构内做一切必要的工作，为媒介机构提供可供利用的新闻素材，也就是说，信源们努力使自己的"爆料"尽可能地像新闻。

在此意义下，原本还需要新闻从业者对所获得的信息源进行二次加工的工作和程序，在某些时刻就变得没有意义了。在微博中进行信息爆料的用户不仅是信源的角色，同时也兼职传者的角色。然而不同于传统的新闻传播活动的是，在微博世界中，传者并不仅限于一两个甚至多个单独的新闻从业者及其所代表的新闻媒体机构，而是像蜘蛛网一样连接在一起的庞大的无边界的微博用户，每一个微博用户都能对自己获知的信息进行二次或三次加工，以看似符合新闻体例的模板在网络的世界里分享传播。

微博参与新闻生产制作过程的社会化表征还体现在评论方面。评论本就是个自由的言论场地，除了媒体自有的评论员，汇集百家之言呈现，这种方式成为各媒体机构在评论战场竞争的主要手段之一。而大胆地拥抱新技术，利用微博来为评论服务，这在《新京报》看来，既是一种大胆的尝试，又是一种前行的力量。在《新京报》2010 年度新闻奖评选中，《微博大义》栏目获得 2010 年度评论编辑金奖，这是《新京报》在 2010 年新设的评论栏目，每周五期，每期千字左右，从微博上摘选，用个人化的视角和语言，去点评新闻事件，其定位可谓"让风月人物谈风云，让风云人物谈风月；用风月的方式谈风云，用风云的形式谈风月"。其颁奖词如是写道：一个阅读率最高的栏目，一个最能代表"2010"的栏目，一个拆掉门槛让每个人走进来说话的栏目，一个让新媒体翻墙进入传统媒体颠覆评论空间的栏目。当然，这也是一个需要编辑整天挂在网上、独具慧眼、沙里淘金的栏目。在"微博大义"栏目中，有媒体精英、知识分子的微博言论，也有各种俏皮有趣的博友网友的言论。

由此可见，来自微博的言论扩大并丰富了传统媒体的评论来源，恰如其分、恰到好处地契合了传统媒体的新闻制作过程。然而，这种社会化参与新闻制作过程的表征，恰恰来自微博出现所带来的话语权的下放。传统的新闻传播活动中，媒体拥有至高无上的话语权，新闻机构与权威信源的显性关系，掌控着整个新闻生产的过程，"新闻不是发生的事情，而是某人认为已发生或将发生的事情"，政治学家里昂·西格尔的一句话撩开了新闻的面纱。来自权威信源的信息素材到达新闻机构后，新闻机构的记者就像编辑一样发挥作用，决定这些素材的哪些方面与其他信源提供的素材（出于新闻话语的目的，它们已被裁剪过）一起被采用。也就是说，在这些新闻活动中，信源总是像记者一样来思考，而记者就像编辑一样来思考，他们协作完成新闻生产。但是在微博中，任何用户都有可能变成新闻第一发言人的特点，使话语权无可争议地下放，也改写了传统媒体中心化的神话。

（3）新闻发布方式的多样性。

首先，得益于微博即时性的传播特性。利用微博发布新闻，缩短了传统的新闻与受众见面的时间差，新闻能在第一时间得到有效的传播。不论是文字、图片还是声音，都能通过个人微博主页，在第一时间发布，并通过被关注@的方式传播开来。在那里，每一个微博用户都成为一个自媒体，完成了新闻采、编、播的动态过程。

其次，与微博新闻源的全民化、新闻生产过程的社会化相互连带，微博发布也呈现出多样性的表征，每个微博用户都有他自己钟爱或擅长的信息发布方式，而不同于传统的新闻从业者利用框架和模板来构建新闻故事。在微博上，尽管只有140个字，但是要通过140个字符吸引更多的关注度，赢得更多的粉丝群，那些模式化、程式化的四平八稳的叙述已经过时了，不出彩就不能适应微博新规则，因此，微博新闻发布必须有自己的语言规则和表达呈现方式。在微博实践领域，运用得较多的主要有以下几种方式：

第一，直播式发布。这有点现场直播的味道，通过简洁明朗的语言文字或图片、视频将正在发生的事件进行即时性地传播。它追求的是对现场的直接呈现，为更广大的受众群提供丰富的动态性的信息。例如新浪微博开辟了一个"微直播"的栏目，其宗旨是人人都是直播台，每个用户都可以在此报道新闻现场的实况。

第二，导读式发布。这有点类似于媒体上惯常使用的导读栏目，而使用得更多的也是媒体机构，其一般格式是"【标题】+内容提要+链接"，有些新闻还会配上图片、音视频等。有的微博个人用户通过这种方式向好友推荐自己看到的某些信息，通常的做法是转发，或配评论转发，有的甚至是对其进行二度信息整合，以达到更大的传播效果。相较于直播式发布，导读式发布往往更倾向于将某些出彩的信息点突出来，通过链接的方式，以期在更短的篇幅、更快的时间内抓住其他用户的注意力。

第三，预告式发布。这往往适用于对预期性的新闻信息的处理，一些特定的事件在预定的时间、地点发生，为新闻信息的发布提供了资料，扩大了事件的影响范围。

2. 新闻生产的本质并未改变

微博的出现使每一个用户成为自媒体的代表，在新闻生产这条流水线上，毫不客气地动了新闻生产的奶酪，使新闻生产的每个环节都突破了专业化、职业化的门槛和道路，引入了社会群体全民性兴致盎然地加入，每一个生产环节都变得多元模糊起来，原本的角色扮演也出现了模糊或多元特性。每个微博用户既可以是斩获信息的受众，又可以是编辑发布信息的传者，而不再局限在信息源的角色和空间中。

而这里更为微妙的当属记者群体。众多的记者拥有了微博账户，他们在微博领域，既和其他普通用户一样，分享着他们的各种身份体验，但是因为记者是受雇于专业的、职业化的新闻媒体机构，这又使他们在微博领域行动时，不可避免地带上媒体机构的印记和标识。换句话来说，他们除了像普通微博用户那样来思考问题，更多的是像专业的新闻从业者那样来思考和行事。

不论是普通的微博用户，还是带着媒体机构标识的新闻从业者微博，都参与到整个新闻生产的流程中来，都在改变着传统的新闻生产的格局。而作为拉斯韦尔经典的5W传播模式中最为核心的内容——新闻信息，"围观就是力量"的微博也改变了"新闻"的定义吗？换句话说，微博重新书写了对"新闻"的定义吗？这个问题可以用另一个问题来指代，即微博使怎样的信息成为"新闻"这样一种可能。社会学家盖伊·塔奇曼为我们假定了这样一个场景："出于超乎我们所知的原因，今天没有新闻发生，所以 CBS 取消今天的晚间新闻节目。如果明天发生有意思的事情，沃尔特·克朗凯特将及时向您报道。"接下来，塔奇曼为我们构筑了这样一个对于新闻的定义框架，即一则新闻要在社会得到传播，其首要标准可能不是统计学意义上的重要性、显著性和趣味性，而是编辑按照以往对新闻事件的评估经验来形成一条关于新闻价值的回归方程式，给某一事件的重要性、显著性和趣味性标上价值序号，然后把这些序号代入回归方程式，最后按照得出的价值数的大小来判断该事件是否具有传播的价值。塔奇曼的假定论述跟舒德森的表述如出一辙，即新闻是公开而引人注目的事情（在一个共享的理解框架内，我们可以判断它既是公开的又是引人注目的）（陈力丹，2012）。

在舒德森的笔下，那些成为"新闻"这一"文化"形式的事件，往往是这样一些事件，首先，它强调以事件为中心、以行动为中心、以人物为中心，新闻往往聚焦于看得见的事件、频繁的冲突或暴力，并倾向于以戏剧性事件的方式将复杂的社会过程简单化。其次，它的一个倾向是坏消息。正如"新闻的直觉是由正在发生的坏事情所触发的"这一描述，新闻业暴露更多的是"例外、越轨、失序、不和，而非惯例、模范、秩序与和谐"。再次，新闻倾向于超然、客观性的指导原则，在媒体经常被虔诚地实践着，记者们总是小心翼翼地避免主观色彩、偏向和判断。最后，是它的官方性倾向，媒体依赖的合法的公共消息来源，通常是高层的政府部门和少量可靠的专家。

尽管舒德森笔下讨论的是西方新闻业现状，但是对于我们的新闻实践来说，却也有似曾相识的体验。我们可以如此提问："今天你微博了吗？"更需进一步提问："今天你围观了什么？"对于普通的微博用户，围观的可能是一场闹剧、一个笑话、一场事故的现场直播，或者明星名人们的生活、工作花絮，或者是各式各样的微博公益式行动。而对于新闻从业者来说，他们的围观却是带着更加专业化的新闻眼光，他们用自己的一套有关新闻的标准来筛选、过滤信息：什么是重要的事情，什么是有意义的事情，我们处于什么时间和地点，以及我们应当认真考虑的范围是什么。这一方式其实暗含着新闻从业者被授予的权威的专家的身份。借着这种权威的身份，新闻从业者的编码规则替代了其他受众的解码规则。从这个角度来看，新闻媒体创造着受众，也创造着一个关于"什么是新闻"的共同体。正是如此，越来越多的普通微博用户知晓怎样使自己手中的信息获得更大的关注与微粉。如果说，微博改变一切，但是它没能改写对于新闻的定义。虽然微博作为一种社会公器，在哈贝马斯提出的公共领域以及安德森提出的共同体方面都有着不可忽略的作用和影响（如微博问政、微博反腐、微博维权、微公益等），但是这些议程按照对新闻最初的理解本应进入媒体视野和公众视野却未能实现。所以，这种表征只能说明，微博在一定程度上促成了以媒体为代表的泛新闻工作者与本真的新闻对接。

微博语境下的新闻生产，实现了一种全民性的新闻采集、社会化的新闻制作过程以及多样化的新闻发布方式，并未改变媒体及泛新闻工作者于新闻的定义。然而，正是在这些微博实践中，新闻采集的范围和框架得到了延伸和拓展，那些原本无法进入公众和媒体视野的事件，经由微博的力量，在一种艰难、曲折的过程中置于阳光之下。也唯有此，才能真正实现新闻的价值和意义，而这也正是传播的效果所在——新闻使我们得以期待一个共用和共享的世界。

二、微信新闻的制作与生产

（一）新闻来源去中心化

与新媒体相比，传统媒体大多依赖于自身拥有的新闻采编团队采写新闻，其互动性和参与性略显不足，用户原创的内容（UGC，在互联网平台的支撑下，用户自己原创的内容可以向其他互联网用户进行展示）不足。传统媒体如果想要做好与新媒体的融合，重要的一个步骤就是充分利用用户这一新闻来源，增加用户提供新闻线索的便捷性。

微信公众平台依托自身的传播特性，拓展新闻来源是可行的举措。微信公众平台具有较强的私密性，用户可以随时向公众账号后台发表文字、图片、语音等形式的留言，除了公众账号的运营者不会被其他人看到。信息的提供者无需担心个人隐私泄露、遭遇人身攻击等，可以更加自由且无所顾虑地表达自身的观点。多种传播形态又方便了用户随时提供信息量较大、较为直观的新闻线索，满足了新闻时效性的需求。

此外，微信公众平台为运营者进行大量的调查或调研提供了便捷的渠道。微信公众号后台的订阅用户中，年龄、性别、地域分布等指标都能够获取，有利于提升调查结果的可信度和参考价值，统计较为方便。"央视新闻"微信公众号经常收集平台用户的回复在电视新闻中播出，特别是每年春节策划的互动性话题，具有民生化、接地气的特点。

（二）新闻编辑过程便捷化

多数新媒体部门在传统媒体内成立时，编辑分工会有一定的重合。类新媒体之间、传统媒体与新媒体之间尚且没有较好的联通，相比于自身传统的编辑系统，新媒体编辑平台缺乏专业性。微信公众平台的用户分组管理具有一定的参考价值：将不同的发稿中心和记者站分组管理，当所属中心或站点区域收到线索时，微信编辑可以立刻与这些记者取得联系，记者可以即时用微信进行文字、图片或视频报道。实现分组对接功能之后，与微信公众平台目前管理功能和素材储存相结合，将会大大降低微信新闻编辑的成本，很大程度上提升效率，有利于优化媒体内部资源。

在网络迅速发展的时代，越来越多的传统媒体想通过做有深度的新闻来弥补自身相比于新媒体时效性不足的缺陷，可是在走向媒介融合的道路之后，传统媒体也不甘于每次都把报道放在新闻的第二落点上，于是又重新开始拼时效性。建立编辑人员的微信群，随时随地进行新闻选题的讨论和最终成稿的审核，不用再将新闻选题拿到例会上讨论，节省了一大部分时间，提高了新闻选题的时效性。

（三）新闻内容生产精细化

新闻写作编辑的结果就是生成最终的新闻产品。形式服务于内容：一个好的形式基础为更好的内容生产奠定了基础。微信公众平台就是一个承载内容的良好平台形式。"自定义菜单"这一新形式，是一种更丰富有效的表达形式。目前，文字、图片、语音、视频等内容可以上传到微信公众平台。传统媒体一方面可以在微信公众平台上生产融合性新闻；另一方面可以通过整理利用自身的媒体资源来生产一些针对微信公众平台的新闻产品，与本身传统媒体上的内容形成差异和互补。比如"央视新闻"可以利用自身名牌主播、主持人的品牌优势，对电视媒体自身的新闻资源进行二次开发利用，与电视新闻形成差异化，消息形式更加多样，如视频新闻、一图解析以及文字新闻等，这样可以获得受众的一些回流。经过观察发现，如今有许多传统媒体都通过让用户回复关键字的形式来获得相关的内容。除了回复关键字获得相关内容以外，一些媒体开通了"自定义菜单"模式来推送消息，这样用户可以直接通过点击相关菜单获取自己感兴趣的新闻消息。

传统媒体利用微信公众平台来推送新闻消息，又重新将日益淡化的传统媒体的内容为王的理念再次唤醒。在微信、微博等新的传播平台尚未形成气候的年代，内容为王受到了挑战：渠道为王、服务为王都曾作为某些传统媒体尝试改革的方向。当时在传统媒体的竞争当中，单单依靠内容为王难以取胜，还必须伴有与渠道、服务等王道，但内容依然是根基。步入新媒体时代之后，情况发生很大变化。过去的内容为王很大程度上依赖于独家报道，现在网络发达，新媒体传播速度迅速，传统媒体不可能继续占有独家新闻。因此，传统媒体开始走上与新媒体融合的改革之路，形态、内容、营销等方面都发生了一系列变化。越来越多的传统媒体一方面继续在时效性方面和新媒体竞争，另一方面又用各种新的传播形式来吸引用户眼球。内容的质量高低在传统媒体面临新媒体的冲击下被忽略。

由于微信公众账号每天推送的新闻数量有限，消息的推送又是强制进行的，若是只是强调数量而盲目推送，就会对用户带来信息冗余的困扰，从而导致用户退订。而这种退订后果是不可逆的，因为一旦退订重新关注的可能性很低。因此推送的新闻消息必须是少而精的优质内容。此时的内容为王上升到了一种新层次。

首先，传统媒体不能再将抢占独家新闻作为经营内容的主要手段，而是要挖掘更为深层次的信息，把注意力放到第二落点上。对于那些零散的信息，需要用专业化的手段对其进行再次整合，用高质量的内容吸引用户。如果不能拥有独家新闻，也可以拥有独特的观点或者角度。其次，对依赖于传统媒体的新媒体平台或者产品来说，只有拥有自身的核心竞争力，让用户感受到这款产品的独特性，方能真正发挥内容的优势。而且这里的内容已然成为一种产品，从新媒体用户体验来说，已经不是单一的内容阅读而是产品使用，只有让用户真正想用此产品，这个内容才能实现其价值。

（四）受众选择主动化

以"央视新闻"微信公众号为例，它一般推送的是图文专题消息，其图文专题界面一般为三级阅读界面：第一级界面显示新闻标题、头条的图片以及文字导读；第二级界面中，用户可以看到短消息的全部内容和长新闻的主要内容；在二级阅读下方，通常会有"关注央视新闻客户端"的二维码，扫描下载之后可以在原网页上阅读更为详细的新闻。三级阅读界面——新闻客户端——的设置，方便用户根据自己的兴趣爱好、流量状况以及时间情况自主选择对新闻的阅读深度，有效管理碎片化的新闻消费时间。

由于微信公共账号推送的消息中图片和视频不能太多，因为会涉及流量的使用问题，给订阅用户造成信息负担和经济负担。相比之下，新闻客户端承载的信息量更大，在内容呈现和编辑方式上与微信精选新闻类似。"央视新闻"通过技术手段将微信和央视新闻客户端打通，用户遇到感兴趣的内容可以在无线网络环境中到客户端详细浏览，从而由被动接受推送的新闻转为主动地、有选择性地接受自己爱看的新闻。

（五）受众反馈高效化

新闻传播中的反馈，就是用新闻传播的结果信息调整后续新闻传播活动。获取反馈信息的目的是提高新闻传播的效率和效果，更好地满足收受者的新闻需求。直接的人际传播为人们有效的信息交流提供了充分的机会，形成了双向互动的交流传播模式。大众媒体的相互反馈速度和反馈数量，由于在人际间加入了一个中介物，使得两者均有限制，而且大众媒介的距离遥远与缺乏个人色彩也不利于反馈。

除此之外，想获得受众对内容的反馈评价，电视、报纸等传统媒体需要大量人力、物力的投入。比如一直在用收视率对电视的节目内容做评价，但粗糙的收视率的数据，要想做到准确的数据分析是很难的。而微信本身就是基础人际交流的一个平台，这一新闻传播形式为传统媒体直接、高效地获取用户的信息反馈提供了一个良好的平台。"央视新闻"微信公众号今后的发展方向也是要逐渐淡化它的媒体属性，增强它的通信属性，成为央视新闻与用户之间的沟通桥梁。节目评分功能可以在微信平台上开发，或者是用微信向用户直接征集来获取用户的反馈留言。通过收集汇总，对这些内容进行分析，媒体会对产品内容与受众需求的契合度有一个更为清晰准确的认识，这样就有利于及时调整、改进电视屏幕上的新闻类节目。

传统媒体的微信平台可以做一系列的问卷调查、栏目测试等，这样有利于改进新闻内容的生产质量，获取更高的收视率。

第二节　数据新闻的制作与生产

如今，大数据已然成了新时代的代名词，在带来思维、商业变革的同时，对古老的新闻业从思维到实践也带来影响：新闻的呈现形态和生产流程出现变化，文字、位置、沟通变得数据化。当新闻与数据一起呈现和解读时，新的形态便出现了——数据新闻。

一、数据新闻的诞生与发展

作为新的业务实践和学术概念，数据新闻在出现的几年内就得到业界的实践和学界的讨论。作为新闻业应对变化提出的新概念，数据新闻展示了远大的发展前景。

（一）数据新闻的定义

数据新闻也称数据驱动新闻，是运用各种软件来抓取、处理、分析和呈现新闻中的数据，并运用这些数据进行新闻报道可视化呈现。其呈现方式多种多样，包括可视化数据图、动态图表和网络在线演示等。作为精确新闻学在新时期的延伸，它要求新闻生产的精确化和可量化，同时实现新闻的动态演示。包括中国在内的世界各国新闻机构正逐步接收数据新闻的理念，并进行着相应的实践尝试。它代表了一种新的可能和机遇，是新闻业适应社会发展做出的应对。数据新闻包含两个层面的含义，即内容可视化和挖掘新闻。数据新闻以内容的图表化呈现为主要形式，将新闻内容可视化，以图表、信息图为主，配以简要的文字说明来进行报道；以数据分析和深度解读为主要特色，重点在于挖掘数据之间的相关性。数据新闻在多学科交叉的技术支持下，运用交互性图表来揭示新闻事实，将数据与社会和公众的关系以可视化技术展示，引发公众对新闻议题的关注与思考。

（二）数据新闻的发展

数据新闻最早被应用在英国《卫报》2010 年关于阿富汗战争的报道中；2010 年下半年开始被频频提及。它将复杂枯燥的新闻变得清晰有趣，通过展示数据背后的关联，运用形象的可视化技术，以不同于传统的方式来报道新闻，使公众理解新闻事件间的关系。《纽约时报》《华尔街日报》《卫报》等新闻业先驱均进行了大胆的尝试，提供了丰富的案例。由 Google 和全球编辑网合作推出的数据新闻奖展示了数据新闻发展的最新图景。我们现在所知的关于数据新闻最早的表述之一，是由 Every

Block 的创始人阿德里安·哈罗瓦提在 2006 年提出来的。Every Block 是一项信息服务，旨在帮助用户了解他们居住的当地发生了什么事情。在阿德里安·哈罗瓦提的文章《报纸网站所需要的根本变革》中，他认为：记者应公布结构化的、机器可读的数据，而抛开传统的大量文字来进行新闻报道。

2012 年 2 月，《纽约时报》发表了史蒂夫·洛尔的新闻评论《大数据时代》，文中指出，社会各个不同领域都越来越趋向基于数据的发现和决策。这个产生于 21 世纪互联网发展背景下的新名词，强调海量数据信息对新闻实践的价值，以及大数据时代信息的呈现形式，旨在通过数据来引导受众理解深层信息。

二、数据新闻的特点

由欧洲新闻学中心和开放知识基金会共同编写的《数据新闻学手册》界定了数据新闻的特点：记者和编辑利用充裕的数字信息，将传统的新闻敏感和引人入胜地讲述故事的能力相结合。

（一）更富有深度的新闻内容

大数据时代下，依靠的是全部数据，而不是仅依靠一小部分数据。数据新闻运用全部而不是部分数据为新闻材料，从数据中挖掘关联性，找出不同数据之间的关系并加以解读，报道覆盖面更广。互联网技术的发展使社会在运行过程中产生爆炸式增长的信息量，其中很大部分依赖于互联网以数据的形式存在。

传统的新闻生产从看似孤立的数据中找出关系并非易事，易受传、受双方有限的认知而发生偏差，使新闻无法挖掘事实间的深层联系。数据新闻运用大数据思维，立足于数据的强关联性，运用量化的方法分析相关性，引导受众从不同的角度解读新闻，从关注新闻事实转向关注事实的联系。

传统的新闻报道要求新闻机构对事件持续进行关注，将新获得的信息加入最新的新闻报道中。数据新闻以事实中数据化的信息为新闻材料，运用可视化技术将实时信息及关系形象地展现，独特的关注视角使得内容呈现更具针对性和完整性。

相比之下，运用数据新闻呈现事实便具有了深度报道的意味。

（二）更便于理解的形式

作为大数据时代兴起的新闻现象，数据新闻改变了原有新闻解读形式。传统新闻多以文字报道为主，图片、视频、数据等其他形式处于辅助说明或印证事实的地位，数据真正的价值并没有被重视。数据新闻改变了数据和文字间的作用：数据成为新闻的主角，文字则退于辅助地位，数据构成了支撑新闻事实的主要内容。

新闻接受者可以从自身的角度出发来理解数据的意义。以数据支撑的新闻较过去以文字为主更具有说服力，能更好地体现新闻价值。日益降低的数据获得门槛和测量工具的方便获得，使得笼罩在数据周围的神秘光环渐渐褪去，对数据的解读也变得更为容易。

公开数据对数据新闻而言是巨大的飞跃：一方面新闻采写人员可以广泛采用搜集到的数据进行新闻制作，另一方面新闻接受者也能获得相关数据进行分析。

（三）更数据化的制作和解读

数据新闻是信息革命推动下传媒的又一大转型趋势，数据成为新闻生产的资料和新闻表现的手段。它使得记者摆脱了过去单纯依靠采访获得新闻信息的办法，开辟了以一种全新的信息即数据来完成新闻生产全过程的方式。

数据新闻在形式上以图表、数据为主，辅之以必要的少量文字；在实际操作中，记者主要通过数据统计、数据分析、数据挖掘等技术手段或从海量数据中发现新闻线索，抓取大量数据，拓展既有新闻主题的广度与深度，最后依靠可视化技术将经过过滤后的数据进行融合，以形象化、艺术化的方式加以呈现，致力于为读者提供客观、系统的报道以及良好的阅读体验。

具有故事性且便于读者接受的可视化图表使读者对内容一目了然，方便读者对事实及关系的理解和把握。在便于读者解读的同时，读者还可以通过动态的图表来完成对新闻的渐进式思考和解读，这在过去的新闻报道中是无法实现的。

三、数据新闻：传统新闻的突破与创新

在大数据时代中，我们分析信息时将带来三个转变：在拥有更多数据的情况下，处理与某个事件相关的全部数据而不是依赖随机采样的一小部分，即用总体样本取代随机样本；面对海量数据，不再追求精确性而是在整体上把握数据，即容忍误差的存在；导致的结果是不再寻求数据之间的因果关系而转向相关关系，即用相关性取代因果关系。社会生活中的大量数据蕴含着丰富的各类信息，当下对数据的挖掘已达到空前的规模。大数据意味着我们要从中提取信息，甚至包括很多我们以前认为和信息不搭边的事情。数据即讯息的共识已日渐深入人心。数据新闻作为新闻业应对常规信息处理方式难以承载大量信息的一种对策，其创新性主要体现在以下方面。

（一）数据新闻打破了传统的新闻生产模式

在大数据时代的背景下，运用数据已经成为新闻生产的新方法。数据成为新闻记者发现新闻选题、寻找事实联系的重要资源，成为新闻生产的有力工具。互联网时代的副产品之一是信息的碎片化。碎片化的信息要求新闻记者付出比过去更多的时间和精力成本来获取有效信息，记者应该帮助受众从信息中理出头绪并加以整理，使它能被人们迅速有效地理解。互联网时代下，新闻的意义由信息采集到意义生成，用新闻内容来解释影响，从报道事实到解释关系。数据新闻作为继计算机辅助报道和精确新闻之后新闻业的又一重要变革，是以数据为基础的互联网发展新时期里新闻业的一种全新选择，它突破了新闻工作者的个人局限，

增强了媒体挖掘事实的能力，使新闻生产呈现出一种全新的方式。传统的新闻生产依靠记者采访获得信息，再将信息加工成新闻，侧重于对事实的报道。数据新闻制作则依靠收集的数据，从数据中发现联系并据此来制作可视化图表，侧重对事实关系的呈现。搜索、分析、整理并呈现数据成为制作数据新闻的主要流程，对海量数据的快速处理能力成了对新闻机构的重要要求。大数据时代下增长的数据量、快速的处理、广泛的数据来源，使新闻业不再局限于依赖有限的数据来报道新闻，转而在海量数据中挖矿。以数据为材料、以联系为纽带的数据新闻，与其说在采写新闻，更像在制作新闻。

（二）数据新闻使新闻更便于深度解读

对以文字为主的新闻解读需具备一定的知识水平，且要花费精力去理解信息间的复杂关系，处于辅助地位的数据的作用并没有真正发挥。通过信息图表等手段对已经拥有的数据进行更好的呈现与解读，甚至通过信息图表来拓展与深化新闻，是通往数据新闻方向的必由之路。内容呈现方式的改变是一场空前的革命，从最早的文字报道到多种感官并用的多媒体，再到利用数据可视化技术。取代过去语言为主的表达，运用图表来进行内容的解释；同时利用形式多样的图画、视频来展现数据的流动，交互式图表的大量使用，使受众有探索的意愿和发现的乐趣，促进了新闻互动；运用数据还能使接受者快速了解与新闻有关的信息，在最短的时间内获得大量信息，可视化的互动表现手法提升了新闻的表现力。可以说，在这样的时代，对丁新闻人来说，用数据说话、用图说话，将变得与新闻写作同样重要。

（三）数据新闻改变了新闻的叙事结构

新闻是以一定的结构来讲述事件和建构议题，引发社会讨论和思考的。过去的新闻报道叙事多为线性叙事：文字传达新闻意义，接受者对意义进行解读，反馈不明显且较慢，新闻难以收到理想的效果。数据新闻以大量数据作为内容支撑，以可视化方式呈现，使接受者突破文化水平的限制来接受新闻，降低了接受难度。

新闻中的数据成为讲述事件关系的关键语言。单个孤立事件中的信息往往缺少关联度，但从正确的角度切入能发现重要的价值，而数据就是打开这个角度之门的钥匙。数据分析为我们呈现了有关事件的轮廓，提供了一个新的切入视角，使得新闻由对新近发生事实的及时报道转向对事实背后意义影响的探寻。这使得新闻的话题范围变得十分广泛，如从"正在孕育中的下一个金融危机"到"我们消费的商品背后的经济规律"，以及"基金滥用"或"政治失误"，这些问题通过强大的数据图表展现出来清晰明了且极具说服力。

转变带来的是对新闻的重新解读。过去对新闻的理解是对新近发生的事件的报道，现在却从已有的数据中找出报道内容；过去信息匮乏时，新闻工作者大多数精力专注于搜集和整理信息，而在大数据时代则将工作重点转移到对现有的数据进行分析。如何处理信息成为关键，因为新闻是以数据为基础产生的，对待数据的态度不应再是过去的简单统计意义上的过程和结果展现，而是运用数据的新功能——叙事能力。事实通过数据分析被阐释和理解，因为在与事件相关的数据背后有着值得讲述的故事。这是一种独一无二的叙事方法。

在信源日渐数字化的世界里，互联网开辟的新闻可能超出了我们以往的认知范围，使得新闻单纯依靠传统的技能已远远不够。丰富多样的数据可以帮助新闻机构更好地达成两个重要目的，即寻找独特的故事和执行社会监督。当数据新闻出现时，影响是直接和迅速的。直观的呈现方式和易于解读的内容使得信息更便于接受。信源的数字化使得新闻工作者必须知道如何利用数据寻找、分析和可视化新闻，简洁直观地呈现使得普通大众也可以快速了解发生的事情，并及时对此做出反应。数据新闻是继计算机辅助报道和精确新闻之后的一种全新理念，是新闻业在大数据时代对信息爆炸和来自其他行业冲击做出的积极应对。

大数据时代下的数据新闻，运用数据中广泛而复杂的相关性，为新闻活动提供了新的方向；关注日益复杂的社会关系和背后的事实，并以新闻视角来分析各种现象。数据新闻对原有的新闻格局进行改写，新闻的工作模式日益公开，作为新的实践形态对原有的理念构成强大的冲击。对于新闻的产生，数据新闻提供了一个很好的答案：用数据做新闻。数据新闻发现和理解了信息内容及信息之间的关系，而其对社会长期的影响，还有待于在实践过程中进一步深入讨论和研究。

第三节　短视频新闻的制作与生产

从初露端倪到集中爆发，再到垂直细分深入，形式愈加丰富，短视频作为当下信息传播最火热的形态之一，逐渐成为各行业的标配。有人说短视频是现在的风口，是未来的风向标，媒体从业者理应抓住这个难得的机会，积极向短视频敞开怀抱。短视频应该多短？有调查报告显示，近半数的用户喜欢 30 秒到 3 分钟的短视频，过短的视频承载容量有限，而过长的短视频不符合用户碎片化的使用习惯。此外，就单条短视频来说，不同素材的时间占比也颇有讲究。场景持续 6 秒左右，故事在 1 分钟内讲完，整条视频的完整叙事 3 分钟左右，是一个为受众所普遍接受、也较为容易传播的时长。但是在看似简短的操作过程中，一些拍摄者难以摆脱传统媒体思维的限制，文字场景如何描写，视频就拍什么，单纯的空镜一扫而过，没有任何有效信息。下面介绍适合制作短视频的新闻、新闻短视频的基本构成要素及基本规律。

一、适合制作短视频的新闻

（一）具备核心要素

新闻短视频首要的作用就是弥补图文叙事的不足，语言再生动都不及眼见为实，因此视觉呈现的目的很大程度上是满足受众看到核心的需求——核心的瞬间，如比赛进球、洪水来袭、地震发生；核心的主人公，如出场自带流量的郎平指导、憨态可掬的国宝熊猫；核心的影像，如彩色的开国大典影像、唯美的故宫雪景；核心的情感迸发点，如升国旗奏国歌的时刻、名人去世等。这些都是能够保证受众看到、被触动到、进而产生共鸣引起转发欲望的关键。这些核心要素并不一定同时存在于一个新闻短视频中，当然如果能将这些要素结合起来更好。

（二）表达抽象的新闻信息

在遇到一些抽象的新闻信息的时候，用短视频的形式将信息进行可视化呈现也是很好的选择。这些新闻多为进程梳理、解读分析、归纳总结式。一方面，单纯用图文表述不够直白明了；另一方面，一些时间跨度较长的历史画面获取起来有一定困难，这时用动画等特效手段来进行现场还原、事件梳理、数据分析，则是一种更为有效的表达和传播方式。例如，在南水北调中线工程正式通水五周年之际，都视频推出了《五周年！150万米高空看南水北调》，利用动画和卫星云图结合的方式，从特殊视角再现了五年间南水北调中线的南水进京之路，从丹江口水库、惠南庄泵站、大宁调蓄水库，到亦庄调节池、团城湖调节池，最后再到密云水库，每个关键点位的卫星云图和航拍照片都随着这一条蜿蜒北上的输水线路依次展示，直观清晰、大气磅礴，为受众提供了上佳的视觉体验。

（三）重大事件及主题报道

重要性是判断新闻价值的标准之一，短视频作为新闻报道的手段，在这些备受瞩目的大事上自然不能缺席，有时还能起到提升严肃新闻事件报道颜值的作用。两会、国庆盛典、重大体育赛事、全民关注的社会新闻、重大国际议题等，都是主流媒体新闻报道的主战场，其强大的一线采编团队以丰富的报道经验和多年积累的业缘关系，保证了优质内容的产出。但是近年来，这种情况有所转变——优质的内容不再局限于图文报道，还可以结合视频手段重新进行创新表达，涌现出了越来越多的优秀融媒体产品。

（四）自主策划选题

除常规的新闻报道外，自主策划选题，街头采访、人物专访、体验式报道、成就宣传等，都可以用短视频来呈现。这也更加考验作者的创新思维和策划能力，要在常规新闻之外寻找新的突破点。然而创意和策划不是灵光乍现、一蹴而就的，作者平时的积累尤为重要。

二、新闻短视频制作的基本规律

场景、人物、细节、故事、采访，都是短视频内容构成的基本要素。不同类型的新闻短视频，这几个要素的排列组合也不尽相同，但有几条基本规律可遵循。

（一）开门见山

最重要的或最先发生的场景放在前面，开门见山式的表达方式更容易在速食时代博取眼球。例如，在地震、火灾、交通事故等突发事件中，往往将最震撼的画面放在短视频开头，这与新闻写作中的倒金字塔结构如出一辙，目的都是为了快速交待核心信息，引起受众兴趣。

反之，如果视频过去好几秒还停留在不痛不痒的叙事，受众选择节省流量、关闭窗口的可能性就会很大。

（二）独家的力量

新闻短视频不是微电影，有时候不需要面面俱到。突发事件的第一现场、新闻事件核心人物的亮相、极具价值的历史影像、触动人心的细节——哪怕只有几秒钟，能抓住独家画面即是赢家。

（三）选择合适的切入点

对于有故事情节的新闻短视频来说，素材选择要有主有次，什么是想表达的核心内容，什么最能引发受众的情感共鸣，在制作之前都要有预判，而且素材不宜过长，可选择小切口操作。就日常视频新闻来说，采访是必不可少的，当事人的现身说法更有说服力，也让整条新闻更有力度。例如都视频有一条新闻是《寻子18年至今杳无音信……如果您坐滴滴时遇到他，请帮忙转发》，当事人现身，对着镜头讲述丢失儿子的过程以及找寻儿子的艰辛。随着她声泪俱下的诉说，一位母亲对儿子深深的愧疚和强烈的思念几乎溢出屏幕。在这种直接的感情冲击下，文字说明或旁白介绍都显得苍白无力。

三、画面选择

画面的选择是提升视频质量的重要环节。与文字表达不同，视频表达是画面先行，需要通过合理安排画面，将事情的来龙去脉说清楚，让受众一目了然。

对于自主选题策划的精品短视频，可以使用单反、摄像机等专业设备进行拍摄，镜头感更强，合理选择利用推拉摇移、虚实转换等拍摄技巧，能够有效标明主次，让受众从画面中了解视频想传递的内容。车祸、火灾等突发事件，核心画面经常来源于监控设备、行车记录仪、目击者拍摄等，则不宜有过于花哨的包装，尽管图像可能不够清晰稳定，但画面现场感强、有强烈的冲击力，能够抓住新闻事件的核心就已经足够。

有时核心画面只有几秒钟，无法撑起一条视频，则可以灵活处理素材，不同的编辑手段能产生不一样的表达效果。例如将核心画面反复播放，可以起到强调的作用；放大画面里的局部细节，可以突出视频要表达的主题；而慢播关键瞬间，则可以让受众感受到二次震撼。《独家！7万个气球腾空而起，超燃瞬间》由2019年国庆节当天都视频记者独家角度拍摄，但是由于素材时长不够，编辑在后期制作的过程中将视频的速度放慢，再以舒缓的《今天是你的生日》为配乐，反而增添了几分温情。这种编辑手段同样适用于下雪、爆炸等有强烈视觉震撼画面的视频——在慢动作的特效下，雪花翩然而至的效果更加明显，浪漫唯美的氛围一下子就被营造出来了。

都视频新闻《消防员飞腿踢翻 16 岁女孩，围观群众竟一致叫好》，消防员将轻生女孩踢进房间的动作只有两秒。然而这两秒是该新闻视频最重要的画面，因此编辑在剪辑的时候特意将这转瞬即逝的两秒钟放慢、放大后又播放了一遍，不但没有给人重复的感觉，反而强调了重点，让受众重温了消防员救人的激动人心的时刻。反之，如果素材过长，比如行车记录仪或监控设备拍摄到的长达数分钟的视频，为了让受众在较短的时间里了解事件经过、高效获取信息，制作时则可以给视频加速以提高信息传递效率。

此外，有一些新闻选题难以获取视频画面但是又极具价值，也可以选择利用图片拼接的方式完成。将新闻事件中涉及的重要图片，通过合理的顺序组合，配以字幕及旁白进行重点说明，也能成为受众获取信息的有效方式。

四、后期包装

（一）字幕

字幕是新闻短视频的必备要素，可以起到补充说明的作用；也可以承上启下，让视频的逻辑更为顺畅；有艺术特效的字幕还能提升视觉效果，优化用户的观看体验。但是新闻短视频字幕的配加也有讲究，既不能套用新闻文字稿的叙述方式，也不可跳脱于画面独立存在，而是要能够帮助观众更好地理解视频内容。

就新闻类短视频来说，字幕的配加有其内在逻辑。首先，字幕应该标注时间、地点、人物、事件等。这既是消息的基本构成要素，也是新闻短视频字幕必不可少的元素。有了这些基本信息，受众能更快速、有效地获取新闻要点。其次，画面和字幕要保持一致。字幕为画面服务，当画面不能单独传达准确信息的时候，需要字幕辅助进行解释，图文一致才能起到说明效果。最后，字幕要简洁、准确、有逻辑。冗长的字幕会让受众的注意力过多集中在读取字幕上，从而忽视了正在播放的画面，这更像是读视频，而不是看视频。在很大程度上，字幕就是代替旁白解说，在嘈杂的环境下播放视频，受众不听只看也能明白视频在讲什么，才说明字幕配得合适。因此在配加字幕的时候，一定要提前想好视频的叙述逻辑。

对于自主策划的短视频，可以适当使用一些后期包装，如更换字幕的字体、字号、颜色，为字幕设置飞入、飞出、放大、缩小等动画效果，搭配小图案等装饰，等等。以都视频的父亲节策划《一起来"炫父"！孩子们眼里的父亲竟然是这样的》为例，在受访者提到自己父亲的优点时，编辑除了配上同期声字幕，还将其提到的几个关键词自信－勇敢做了特效处理，使得视频的整个画风看起来更加可爱温馨。

（二）配乐与音效

一个完整的短视频，声音的呈现同样非常重要。短视频中的声音，一般有以下几种：

受访者的声音。对于有采访镜头的新闻短视频，拍摄过程中需要注意收声问题，若杂音太大会严重影响视频质量。

配乐。合适的配乐是短视频渲染气氛的重要手段，能够增强受众感官体验，更好地将其带入视频描绘的意境之中。但需要注意的是配乐不能喧宾夺主，使用的时候也不要过多过滥。

旁白配音。旁白是补充视频有效信息的重要手段之一，可以增加视频内容的丰富性，也可以对视频的内容进行解释说明，往往适用于新闻性较弱的纪录、宣传类短视频当中。

音效。适当运用音效可以提升视频的趣味性，比如在疑问、吃惊、大笑等表示情绪的片段中，配加相应音效能够起到锦上添花的作用。

（三）封面与标题

短视频制作完毕，就要在各个平台发布。平台用户第一眼看到的就是视频的标题和封面，它们在很大程度上决定了用户是否会点击。

与标题用文字表达来吸引受众不同，视频的封面图承担着在视觉上抓人眼球的任务。因此，选择封面图时，首先，要保证图片质量，尽量选择特写、高清版本，让受众对主体信息一目了然；其次，要做到有看点，可以截取视频中最具冲突性、戏剧性的画面，或视觉效果最震撼的画面，引起受众点开的兴趣；最后，还要保证封面图与标题及视频内容相符。如果没有现成的图片或视频截图能与新闻点完美契合，则可以运用拼接等方式对封面图进行编辑加工。

新闻短视频的标题在形式上要与版面相适应，与展示的界面相协调。例如《北京日报》客户端视频频道改版之后，长标题显示的时候会折行，编辑记者在取标题的时候，为了美观直接，会以简短的标题为主。因此，根据所要发布的不同平台的特点，同一条视频标题的取法也不尽相同。在内容上，标题应该生动形象、留有悬念，可以把场景、细节、故事进行提炼，引发观众的视觉期待。

总的来说，用户思维应当贯穿于新闻短视频策划、摄制、传播的全过程，即作者要站在用户的角度思考问题，定位用户的喜好，制作用户感兴趣的内容，用户喜闻乐见的方式传播。但值得注意的是，无论制作何种类型的短视频，都应当坚持正确的舆论导向，不能唯点击量论，单纯为了博眼球而毫无下限的低俗、媚俗之风应坚决抵制。

第五章　融媒体时代广播电视新闻的写作方法

第一节　广播电视消息类新闻的写作

一、广播电视消息的类型

消息是用简洁明快的语言及时报道新近发生的有价值的事实的一种新闻文体。这种新闻体裁因其篇幅短小、时效性强、信息密集的特性，广泛应用于电视和广播新闻节目中。消息是电视台和广播台实现国内外要闻总汇目标的主要渠道，是受众了解国内外大事的主要窗口，中国之声的《新闻和报纸摘要》和中央电视台的《新闻联播》就是消息类新闻节目的典型代表。

消息类广播电视新闻好像专门攻打桥头堡的突击队，每当有重大事件发生，消息新闻总能以最快的速度进行传播。消息新闻利用其短小精悍的特点，受到读者的喜爱，也让新闻工作者在操作上更简便灵活。

消息类新闻的写作分类方法很多，从时间长度上进行分类，分为长消息和短消息。长消息的写作特点是容纳的内容较多，或事件比较复杂。短消息的写作特点是突出主要信息，事件相对简单。新闻的重要性并不取决于长短。新闻的长短一是根据节目的需要来取舍，二是根据事件的复杂程度来取舍。复杂的事情往往无法用短消息说清楚，一些能够引起观众特别关注的事件可以用长消息来报道。

按照报道的内容性质来划分，广播电视消息分为事件性消息和非事件性消息两种。事件性指突发事件，非事件性相对来言不是突发而是渐变延缓的。事件性消息和非事件性消息的区别在于，从事实上看，事件性消息是新近发生的新鲜事实；非事件性消息不一定是新发生的，但也新鲜。从时间上看，事件性消息时间性强，可以慢点报。从内容上看，事件性消息有明确性，一事一报；非事件消息相对过程长，有连续性。

消息类新闻的写作的区别主要体现在不同的报道方式之中。目前，消息类体裁有这样几种形式，即口播新闻、图片新闻、图像新闻、字幕新闻、现场报道和现场连线等。下面根据消息类新闻报道方式的分类，对不同的报道方式写作进行具体的阐述。

（一）口播新闻

1. 口播新闻的报道形式

口播新闻是以播报员播报文字新闻稿的形式进行新闻报道的。口播新闻没有新闻现场的声像画面，它以语言为传达信息的主要手段。口播新闻因为制作简单，能在第一时间制作完成，因而增强了新闻的时效性。例如 2008 年汶川"5·12"大地震是 14 时 28 分发生的，14 点 46 分，新华网发出快讯："12 日 14 时 35 分左右，北京地区明显感觉到有地震发生。"14 点 53 分，新华网发出快讯："四川汶川发生 7.6 级地震。"15时，中央电视新闻频道口播汶川地震消息。有些新闻因为第一时间难以获取现场录音和画面，采用口播新闻方式更为合适，例如国家领导人即将对某些国家出访的消息，大多选择口播新闻的播报方式。

口播新闻播出灵活、简便，有其他报道方式不可替代的优势，可以把刚刚收到的最新消息整理成文字向听众、观众播发。电视口播新闻也可以把没能拍成画面的重要消息向观众传达，更可以把一些抽象的或不宜用画面表现的新闻告诉观众。

口播新闻一直是广播电视新闻节目中的重要生力军，成为电视画面新闻的重要补充。在许多方面，它的优势是画面新闻不能企及的，它的作用也是画面新闻无法替代的。

2. 口播新闻的写作特点

（1）口播新闻的语言朴实。口播新闻相比于其他消息类型简单明了。

口播新闻不需要华丽的辞藻，朴实的语言可以更好地向受众传递新闻五要素。口播新闻没有图像，受众只通过耳朵来获取新闻点，华丽的辞藻会增加口播新闻不必要的长度，也会分散受众的注意力。一般口播新闻长度较短，时长控制在 1 分钟左右，如果是政令文件类口播新闻会适当增加长度。

（2）口播新闻的信息丰富。口播新闻具有语言文字精练和信息密度高的优势。一般情况下，一条配有 200 字左右的解说词的影像新闻，只能传达一个主题；一则同样数量文字的口播简讯，常常可以容纳多个主题的信息。因此口播新闻是扩大新闻信息量、充分体现消息类新闻特征的重要手段。

（3）口播新闻的节奏明快。新闻稿件强调时效性，口播新闻更是时效性中的排头兵。口播新闻要求稿件精简、干脆。口播新闻稿在写作上要突出句子的主语、谓语和宾语成分，根据语法关系处理好词组间的停顿和连接。一个基本原则是：根据句子本身处理节奏，不要为了追求速度一味使用短句，也需要长短句结合，体现新闻的美感。

电视口播新闻虽然以语言为传播信息的主要手段，但仍有别于广播口播新闻。电视口播新闻的主持人可以通过自己的面部表情的不同呈现，来配合新闻的不同内容。

如果播音员不顾稿件内容，面带微笑去亲近观众，会使观众感到播音员缺少同情心。所以播音员的面部表情对于电视口播新闻的传递十分重要，而广播口播新闻只能通过声音的语速和语调的变化来传达主持人的新闻态度。

口播新闻文字稿的写作有别于画面新闻的解说词。口播新闻稿可以按广播新闻写作要求来撰稿。在某些方面，它类似于广播新闻文字稿的写作要求，要简要说明新闻的五要素，通篇完整、严谨、层次分明。与广播稿所不同的是，口播新闻可以选配适当的背景资料画面和图表。可以配图像资料、插图、题头和背景画面，用抠像特技配加在主播人的左、右侧，以增强视觉感受上的生动性、可视性，同时又能起到点题、烘托、加深印象的作用。

相对来说，口播新闻是最容易写作的广播电视新闻形式。记者要写得简洁、易懂、口语化，但字数一定要把握好，既不能少，也不能多。电视口播新闻的画面是播音员和主持人占据首位，因而主播人应该和观众之间产生一种交流感、信任感、权威感。

（二）图片新闻

图片新闻是把报纸、杂志中的新闻图片报道引用到电视新闻中的一种报道形式，运用单张或成组的新闻摄影图片，结合文字解说来报道新闻事实。图片新闻内容直观，再配合主持人的讲解，受众在短时间内获得大量的新闻信息。将简单的图片新闻集合起来就形成了读报类新闻节目，这类节目主要是主持人点评各大报纸的版面新闻，或图片新闻。主持人轻松诙谐的语气让这类节目深受观众的喜爱。

报纸、杂志的图片组合是配以简短说明或一篇稿件，电视上的图片组合配以解说。因此，为固定图片写新闻稿成为相对独立的一种文体。因为没有活动画面、同期声、采访片段，写作就占据了主导地位。观众要通过解说来了解报道的主要内容和主题，图片则加深一定的视觉印象，不可能产生如活动图像那样真实鲜活的感受。因此，搞好图片新闻，要讲求一定方法。

通常，电视图片新闻通过多幅照片，连续、多侧面地阐述一个主题或提供一种信息：每幅照片有相对独立的内容，说明一个侧面，阐述某个思想主张，展示某个事物特征。经过合乎逻辑的组合，使全组画面之间互相联系、有机结合，体现出具有一定思想的报道意图。

要达到上述效果，写好解说文字至关重要，不但要解释、说明、补充，而且要转折、过渡、提供背景和主要事实、观点。

图片新闻是电视新闻报道的一种补充形式。一些发生时间较长，没有留下活动图像资料的新闻大都采用这种方式。但是要注意这类新闻报道必须有新闻由头，否则就没有新闻性；一些相互之间有逻辑联系但事实之间缺少时间、地点的综合消息也可以采用这种方式。

随着，电子特技技术不断丰富、发展，许多图片新闻利用特技手段，增强视觉效果。将图片放大、剪辑、翻页、转动、滑动或者叠化、动画再现等，使图片新闻大为增色。这种制作方式在写作上必须考虑结构，考虑制作后的画面对文字的要求和长度。

（三）影像新闻

影像新闻也叫图像新闻，是采用电影摄像或电子摄录手段在新闻事件现场采录图像和声音，结合解说词对新闻事实进行报道的新闻样式。在图像新闻中，影像是主要的表现手段，声音为辅助，文字稿用于解说画面。解说词从形式上通常是不完整的，看不懂的文字稿是图像消息的一大特点。

图像新闻不但是最早的报道形式，而且是今日电视屏幕上数量最多、最重要的新闻报道形式。中外电视屏幕上的每日动态新闻绝大多数是图像新闻。

图像新闻的特点是简短、迅速、客观形象，讲求实效，注重用事实说话。图像新闻长度大多为 40 秒钟左右，因此它要求记者在采拍中尽可能用最形象的画面和最简练的文字表达报道的内容。

图像新闻最为关键的地方就是处理好声音与画面的关系。声音和画面需要相互结合，声音为画面服务，让整个新闻节目看上去更完整。例如：如果给大家呈现一些飞机失事的画面，观众除了能从画面中判断出有架飞机失事外不能获得更多信息。到底是哪个国家的飞机，在哪里失事，何时失事，有没有人幸存都无从知晓。但如果这个时候结合一定文字的同期声，观众就会完全明白图片的意思。例如：

2022 年 3 月 21 日 14 时 38 分许，一架中国东方航空集团有限公司波音 737-800 客机在广西壮族自治区梧州市藤县埌南镇莫埌村神塘表附近山林坠毁，并引发山火。救援队伍随即集结靠近。截至 2022 年 3 月 26 日晚，"3·21"东航 MU5735 航空器飞行事故国家应急处置指挥部现场副总指挥、民航局副局长胡振江在发布会上说，"3·21"东航 MU5735 航班机上 123 名乘客和 9 名机组人员已全部遇难。发布会现场，全体起立为机上遇难人员默哀。

人体的感知规律告诉我们，普通人感知一幅画面所包含的全部信息时长各不相同。全景画面需要 8 秒，中近景画面需要 5 秒，特写画面需要 2 秒。一则图像新闻平均有 6.2 个镜头，记者需要充分利用画面来传递信息，让画面能讲故事。

（四）字幕新闻

字幕新闻是电子计算机控制字幕发生器，在电视屏幕上打出字幕，用简洁的文字向观众传播最新信息，又可称作一句话新闻，是电视新闻最简便的报道形式。字幕新闻在电视屏幕下方滚动播出，方便插播突发新闻或一些重要性稍弱的事实新闻，还可以帮助听力障碍的观众更好地收看新闻，获取更多新闻信息。例如下面一条字幕新闻于 2015 年 12 月 6 日出现在某新闻频道 ×× 节目的屏幕下方。全文如下：

记者 6 日从北京市气象局获悉，针对新一轮空气重污染过程，北京市已全面动员各区、单位，全力以赴落实各项应急措施，并将派出多个联合调查组，对落实强制性减排不到位等情况，实施最严格的执法措施。

这条滚动新闻简单地介绍了北京对雾霾现象的政府控制措施，结合当时北京现场重度雾霾的事实背景，观众获取到政府针对雾霾的进一步动作，体现了新闻的时效性。

（五）现场报道

现场报道是广播电视记者在新闻事件现场，以采访记者、目击者或参与者的身份进行出镜报道。和影像新闻不同的是，现场报道更具有现场感，让观众有种身临其境的感受。现场报道充分体现了广播电视的同步播报优势。

1940 年 8 月，第二次世界大战欧洲主战场炮火犹酣，《这里是伦敦》开始第一次现场直播——爱德华·默罗站在伦敦一间民居屋顶上，迎着德军狂轰滥炸，以平静的语调在战地现场开始播报，让全世界的听众第一次感受到直播的魅力。在西方新闻界有条不成文的规定：凡是适合于现场报道的新闻绝不采用其他形式的报道。现场报道最先起步于 20 世纪

70 年代的美国。

1997 年可以说是中国现场报道的大事年，这年中央电视台直播了香港回归仪式和长江三峡大坝截流工程，记者都从现场发回大量报道。在此之前中央电视台较少做这么大规模的现场直播和现场报道。现场报道让观众更直观地看到新闻事件的发展情况。

现代社会，随着摄影摄像设备更新换代，网络通信技术日趋完善，电视新闻现场报道正成为从中央到地方各级电视台新闻报道的重要报道方式，特别是在遭遇重大突发事件时，立体式、全景式的电视新闻现场报道几乎成为一种新常态。例如 2008 年 5 月 12 日 14 点 28 分汶川大地震突然发生，中央电视台立即打破正常节目播出表，并且马上派驻媒体工作人员前往第一现场，不间断地现场报道最新消息，使全国人民零距离接触地震现场，在第一时间了解灾情的最新变化和抗震救灾的最新进展。广播电视新闻现场报道以其强烈的现场感增强了新闻的生命力，增加了新闻的可靠性，让新闻更加具体真实。

二、消息类广播电视新闻写作的结构

广播电视消息虽短，还有声音和画面帮助形象地完成新闻内容的表达，但是写起来并非容易的事儿。250 字，一般是一篇广播电视消息类新闻稿的长度。每天《新闻联播》节目中播出的新闻，除重要新闻外通常每条新闻的长度不超过 1 分钟。根据播音员的发声规律，通常情况下 1 分钟的新闻需要 250 字左右的文字稿。这 250 字很短，单从字数上讲确实简单；但事实上，250 字的新闻稿并不简单，因为每次采回内容（图像加文字）都会远远超过 1 分钟，要压缩到 1 分钟以内真不是简单的事儿。由于篇幅有限，字数不多，就要高度概括，从大量的材料中提炼其精华。比如会议新闻，内容很多又较重要，在这种情况下只能摘取某一特定内容的精华部分，给予高度概括。如果概括不当，往往起到一种新闻提要的作用，而不能成为一条完整的新闻。

广播电视新闻不同于文字新闻，要求新闻语言口语化。文字新闻可以使用各种精炼的语言，而广播电视新闻只能在口语语言中加以筛选，既要口语化，又要简洁易懂。我们知道，广播新闻往往一听而过，必须引起听众的注意。电视新闻不仅需要看，还要听，观众需要双重的精力。由于这一点，广播电视新闻语言必须使观众一听即懂，所以在文字的运用上只能选择那些既上口又易懂的字眼。由此看来，在浅显的文字中加以挑选，往往更费心思。

另外，广播电视新闻要求口语化，但并非一概排斥修饰语和文字语言，只是要非常慎重地加以运用。为使语言生动活泼，电视新闻也使用一些成语、典故、形容词、倒装句、排比句等，但远不如文字新闻那样可以在文字的海洋里自由驰骋。因此，广播电视写作首先应该在结构上精心谋划。这里所讲的结构包括三层含义：一是消息的主要结构形式，即叙事安排；二是一篇消息结构要素，即消息包括哪几个部分；三是广播电视消息的特殊结构要求。下面逐一展开讲述。

（一）消息类新闻叙事结构

消息类新闻叙事结构主要有五种，我们在选择以哪种结构进行新闻报道的时候，不会说哪种结构最好，只会说哪种结构更适合自己的新闻内容。记者需要结合自己的经验和新闻事件的内容选择最适合自己的新闻结构，五种结构之间也不是绝对孤立的，而是可以相互融合的。

1. 倒金字塔结构

所谓倒金字塔结构，就是将最重要、最新鲜的事实放在新闻导语里，导语中把最重要的事实放在最前边，导语以后各段按事情内容重要程度排列，形成倒金字塔结构。这种结构在新闻写作中经常运用。

（1）倒金字塔结构的优点。

第一，符合新闻特点。首先是快，可以按事物的重要性排列，分秒必争地发出去，不必在构思上花大功夫。其次是新，第一眼就可以看见最重要的东西，在几秒钟内就可以判断是否可以看下去。再次是短，一段一个事实，省去前因后果的交代。由于不是按时间顺序写，而是按事实重要程度写，就可以省掉许多过程，在较短篇幅里容纳更多的重要事实。

第二，符合受众的需要。这种结构主要适合阅读习惯。看报、听广播、看电视不同于读书学习，一般是利用零碎时间浏览一下，由于把高潮改在前边，使人在短时间内就可以得到欲知的新闻事实，适合受众心理。受众关心事情结果、结论，由于在一系列事实中突出精华，可以刺激新闻欲，吸引读者看下去。

第三，有利于编者及时处理。倒金字塔结构比较简单，一看就清楚，随时可以判断能否采用。压缩起来极快，从下往上进行删节，留下来的就是一条单独新闻。

（2）倒金字塔结构的缺点。

倒金字塔结构也有其短处，给写作带来困难，重要的、精彩的在前面，后边铺展部分就比较平淡。

倒金字塔结构的缺点表现在两方面：一方面是容易老套重复。结果、结论在前，难以反映事物曲折复杂变化，往往造成标题、导语、主体重复，写作时注意尽量避免。另一方面是比较生硬呆板。这种结构按照重要程度一段、一段往后写，跳跃性强，事件展开较不顺利、不自然，段落不连贯，写作时注意尽量写得生动活泼一些。倒金字塔结构消息让观众更容易看明白，也最受观众的喜爱。

2．金字塔结构

金字塔结构也叫时间顺序结构。同倒金字塔结构相反，这种结构的消息往往不是把高潮放在前面，而是放在最后。这种结构就是在导语之后，按照新闻事件发生的时间先后顺序来安排材料。这种结构保持了新闻事实最原始的面貌和紧张情况，采访自然、线索清楚，符合观众的观看习惯。

金字塔结构的优点是，重要事实在后边，适合故事情节较强的新闻，根据时间顺序、事件顺序安排材料，铺展部分比较广阔、灵活，写起来比较自由、顺手。

金字塔结构的缺点是，不便于删节，开头若不吸引人，读者往往看不下去。

3．循环结构

围绕新闻事件或重要的消息来源展开叙述，通过生动形象的描述吸引受众的报道结构。这种结构比较适合人物采访，围绕人物命运发生的变化，通过时间顺序依次展开，让新闻报道充满人性，也更容易让观众看明白。

4．平行结构

在同一条新闻中，有几个同等重要又互相关联的事实需要告诉读者，往往采用平行结构。例如政府公告、国务院任免事项等，内容同等重要，应一一告诉读者。

5．悬念结构

开头设置悬念，对读者有较强的吸引力。在新闻中是不可以大量使用悬念的，谜底往往要在新闻中揭晓，不像文字可以将谜底留给读者。

新闻结构可以借用文学、戏剧、电影、绘画等形式，文无定式、量体裁衣，不能机械搬用。结构可以多样化，结构也不是一点儿不能变化。结构是为主题内容服务的，怎样得心应手，怎样能更好地说明主题，怎样能更好地报道新闻事实就怎样写。不能让固定的格式束缚住手脚。但对于初学写作的人来说，开始还应该多实践各种结构，慢慢才能如鱼得水。

（二）广播电视消息结构的媒体特色

1．广播消息的符号

（1）广播符号系统包括解说配音、音响和音乐。

广播新闻所使用的符号是声音符号，这个符号系统包括解说配音、音响和音乐。解说配音是播音员、主持人的叙述解说语言，在广播消息中发挥主要作用。音响的定义比较复杂，广义的音响包括采录的一切声音，现场采录的采访对象和记者的说话声音也属于音响。记者在采访新闻过程中录制下来的现场声音，包括风的呼啸、警车的警笛、孩子的欢叫等，都属于音响。有些国家的新闻报道经常使用效果声。广播新闻加入事件现场的自然声音能够让听众或观众更有身临其境的感觉。此外，声音还可以从听觉上起到转折过渡作用，带领听众、观众从报道中的一个情景进入另一个情景。

解说配音和采录的音响是广播消息构成的主要符号，一篇广播消息由这些符号建构而成。因此，广播消息的写作任务是组织声音，将采录的音响符号建构为一篇叙述清晰、便于理解的声音符号系统。

音乐符号也是广播中必不可少的符号。如果是在现场采录的音乐，那就属于音响符号；如果是在节目播出时播放的音乐，由于它只起到起始、过渡、背景和结束等结构性作用，可以不用考虑。

（2）广播记者尤其须注意声音片段前后的内容衔接转折。

广播稿应该天衣无缝，自始至终吸引听众的注意力。比如，如果声音片段部分是以代词做主语开头，记者需在前面铺垫清楚那个代词指的是谁、是什么，使听者得到必要的资讯，正确理解随后的内容。

（3）要注意不同声音符号的互补与协调。

第一，注意音响符号与解说语言符号的互补与协调。音响符号与新闻事件中发生变动的事物及其环境紧密关联，是客观素材。广播新闻的传真性主要通过音响符号体现，但音响符号表达的信息有限。光有裁判员的哨声，没有手势和语言，球员就搞不清楚谁犯规了，是如何处罚的。同样道理，广播新闻写作的很大一部分工作，就是要解释说明现场音响的含义，包括对采录的人物语言的解释说明。这是因为人物语言来自生活，讲话人通过一定的语言来表达自己的意思。它和一般的音响不同，有很强的主观性。用解说配音的叙述语言揭示其内涵，并将不同人物语言衔接起来，构成有主题、语义连贯的有声符号系统，这就是广播新闻写作的媒体特色。

第二，注意叙述语言与采录的人物语言的互补与协调。叙述语言指传播者的语言，即表达记者的见闻感受的语言，表达新闻媒介对新闻事件的解释、评论、说明等的语言，带有强烈的主观色彩和倾向性。采录的人物语言虽然有主观成分，但是对新闻工作者来说，这种语言还是客观的。这两种语言相互依存、相互制约，共同为新闻传播的内容服务。广播新闻的感染力应当更多地从人物语言上体现出来，而不能过分依赖叙述语言的情感表达。有时，由于现场的噪声，录音的效果可能不好；新闻人物的语言表达也可能不完全符合主题，甚至出现啰嗦、方言浓重等缺陷，即使如此新闻写作时也不能完全抛弃，可以先播一段录音，开个头以后就将录音音量压低，改用叙述语言表达人物讲话的重点内容。压低混播是广播新闻中符号综合运用的方法之一。

总之，广播消息写作要综合运用各种声音符号，取长补短，创造性地发挥声音符号的信息表达功能。在写作时，要严格按照符号之间的客观联系进行组合，记者和播音员的叙述语言虽然是广播新闻的主体，但是其作用在于对采录的音响符号的建构和黏合，而不是随心所欲。在理解采录的音响符号的逻辑关系的前提下，组接各种符号，并用相对活跃的叙述语言进行整合，是广播新闻写作的符号系统协调的关键。

2. 电视消息的结构符号

（1）电视新闻的符号类型复杂。

电视新闻符号系统比广播更复杂，包括所有能够表达思想感情，并使接收者获取信息的一切手段、方式方法，包括口头语言、屏幕文字、各种音响、图片、声像等。电视新闻的表达元素主要有以下三类：

视觉形象元素，即电视画面、屏幕文字、电子特技画面。

声音形象元素，即人物同期声、实况音响、解说旁白。

视听构成，即视听同步、现场画面配解说、现场声画配文字图表。

（2）电视消息是为眼睛而写。

电视是视听兼备的传播媒介，人们接收电视传媒的方式是通过电视屏幕进行收看。首先，观众用眼睛观看画面，在看画面的同时接收声音的传达。很难想象，无声音的画面或无画面的声音在电视传达中的效果。正因为这种声画结合的特点，决定了电视写作为眼睛而写的基本原则。

为眼睛而写就是要遵循视觉逻辑。当记者提笔写作时，应该时时刻刻考虑到观众收看电视的接收状态和方式，这种方式对听觉语言的特殊要求如下：

首先，强调为看而写，并非简单地削弱了文字的地位。为看而写最基本的要求是做到声画对位。声画对位必须根据新闻的整体构思、布局结构及画面内容进行写作。

其次，写作中有两种倾向应该引以为戒：一种是解说过多，描写的内容与画面重复，失去了真正的作用，甚至引起观众的反感，干扰收看；另一种是与画面严重脱节，造成视觉语言和听觉语言各行其道，声画两张皮，失去了视听复合语言的优势。

（3）要注意声画组合的两种类型。

一是声画合一（声画同步）。声画合一指的是声音和画面传播的具体内容完全一致，即画面上的人和物就是声音的发源体，或者声音说的正是画面中的事物。声画合一最能体现电视新闻的纪实性，能够加强传播内容的真实感和可信度。语言与图像同步并不等于记者应该描述观众从镜头中看到的情形。比如，当镜头上显示一辆农用卡车驶过尘土飞扬的土路时，记者没有必要说"罗某一家人住在长长的乡间道路的尽头"。相反，此时记者应该说出这一画面可能代表的背景及意义："旱情如此严重，罗某一家今年到今天为止无粮可卖。"

二是声画对位。声画对位指镜头画面与声音对列，它们按照各自的规律彼此表达不同的内容，又在各自独立发展的基础上有机结合起来，达到了单是画面或单是声音所不能完成的整体效果。声画对列的结构形式是声音和画面组合关系的一种升华飞跃。当画面一目了然，解说词的任务是解释、分析、说明一些深层次的问题，满足观众的要求。电视新闻中声画对位的组合类型有两种：一是电视记者无法拍到实况，又非报道不可，则采用解说词反映新闻事实；二是画面反映时过境迁的一些实地景象或附近的动态。

3. 广播电视消息的单线结构

广播电视消息要根据采录的音响和画面素材，在几百字的篇幅里传达信息，还要保证受众听懂，安排好结构就显得十分重要。广播电视的消息属于一维线性结构，信息以声画的形式，按照时间顺序进入受众的大脑。受众的接受过程不是被动地接受过程，也就是说，受众并不是接受了前面的内容就会消极等待下面的内容，而是积极地解释、推论、有所期待。看到或听到《××弑母学生或已逃至河南》的标题，受众就会产生为什么儿子杀母亲、怎么杀的、真是××学生、这人是不是有精神病、逃到河南会不会再杀人等疑问。听到或看到"辽宁号"航空母舰，就会联想到"辽宁号"航空母舰现在在哪里、执行什么任务、国产第一艘航母什么时候下水等。受众有受众的接受习惯和思路，广播电视工作者应当尽可能地根据受众的接受习惯和思路安排广播电视消息的结构。

广播以听为皈依，电视虽然为看而写，但是听也是电视受众的落脚点，没有声音的画面很难有效传播信息。从这个意义上讲，听是广播电视受众的接受习惯。根据听觉的一般规律，消息的结构越单一越容易听懂。因此，广播电视消息在段落层次上应当单线推进。采访的材料有自身的逻辑结构，记者的任务就是将不同时间、空间发生的错综复杂的事件纳入一根主线。一篇消息只能讲一个问题，不要面面俱到。围绕中心思想，将主要事实讲清楚。讲的时候一段一层意思，层次之间不要互相牵扯。报纸消息中的倒叙、插叙一般不可用到广播电视消息写作中来。每个段落要用最精练的音响和画面素材，解说语言也要精练。

段落与段落之间要过渡自然，前后照应，环环相扣，如行云流水。不能让受众脑筋急转弯。广播消息还要注意适当重复关键的人名、地名，关键字眼出现前要做必要的铺垫，让听众有心理准备。

第二节　广播电视新闻专题的写作

一、广播电视新闻专题的类型与特点

广播电视新闻专题就是综合运用各种电视表现手段与播出方式，深入报道某一重大新闻事件或某些具有新闻价值又为广大观众所关心的典型人物、经验、新出现的社会现象以及某一战线、地区新面貌等题材的新闻报道形式。广义的广播电视新闻专题，是除广播电视消息和评论以外的所有新闻报道形式的总称，包括广播通讯、广播电视特写、广播电视专访、深度报道等新闻体裁。

相对于消息类新闻，专题类新闻时间长、信息量大。从本质上讲，广播电视新闻专题是深度报道在广播电视新闻中的运用。专题类广播电视新闻主要做详尽的、有深度的新闻报道。新媒体的发展让广播电视新闻在时效性上不占优势，所以广播电视的新闻记者开始在新闻深度上下功夫。新闻专题适合深度报道，让观众能够更清楚地了解到新闻事件的来龙去脉，这点是当前网络新闻无法比拟的。

关于新闻专题的定义以及其他体裁的区别，比如与纪录片的异同等问题，许多学者、专家进行过讨论，但至今仍然众说纷纭。在这里，借鉴北京广播学院教授高鑫的观点来区别新闻专题和纪录片。首先，二者反映生活的方式不同。纪录片是社会生活的客观纪录，主要是再现生活的具体情境，较多地采用长镜头、同期声，展现生活的真实，不允许创作者主观意识的直接表露。专题片在反映社会生活时，有较强的主体意识的渗透，能直接表现创作者对生活的看法和主张，允许采用表现的手段，艺术地表现生活。其次，二者结构作品的形式不同。纪录片强调反映生活的原生形态，注重展现生活的完整过程，因而纪录片多是纵向结构。专题片不那么注重展现生活的完整过程，它在事实真实的基础上，多以创作者的主体思想为依据，截取生活的片段画面来表现主题，允许对生活本身进行较多的艺术处理。

（一）广播电视新闻专题类型

广播电视新闻专题分类标准不止一个，如果按照报道对象的类型来划分，可以分为两类，即事件类和人物类新闻专题。

如果按照报道的方法来划分，可以分为三类，即纪实类、分析类、调查类新闻专题。

如果按节目的形态来划分，可以分为独立报道和组合报道。独立报道是指独立成片的专题报道，通常报道的事情不是很复杂，是在已经有了阶段性结果的前提下采用的补丁形式；组合报道是由多篇相对独立的报道组成，关于同一主题或同一问题的专题报道组合，包括连续报道和系列报道。

1. 事件类和人物类专题

（1）新闻事件类专题：新闻事件类专题是指记叙社会生活中各个领域发生的新闻事件，展现事件的发生和发展过程的专题片。这类作品常常选择与重大社会课题密切相关的题材、以事实本身的影响，调动受众的注意力和思考力，加深受众对重大社会课题的深刻认识和真实感悟。例如2014年10月11日中央电视台的《新闻调查》内容就是"又到黄金周"，主要介绍国内几大著名旅游景区如何应对当年的黄金周，以及思考为什么到了节假日国内景点人数就呈井喷式增长，这种增长背后的忧虑是什么。这期节目主要是针对过去的十一长假拍摄的内容，内容时效性强，紧贴观众的生活、引发大家的议论和思考。

（2）新闻人物类专题：新闻人物类专题是以记叙和表现社会生活中的各行各业代表人物的专题片。人物专题大致包括三类：

一是先进典型。例如以先进、模范、革命家、科学家、艺术家、企业家、政治家、社会活动家等的思想行为、道德情操、卓越贡献为主的专题报道，通过对人物的行为、事迹的报道，传播正能量，表现时代精神。例如第二十五届"中国新闻奖"二等奖的广播专题《主席点赞的安徽小伙张宝》，讲述了中国骨髓捐献者安徽小伙张宝，在和韩国患者配型成功后遭遇车祸，但他在康复后，仍继续为韩国患者捐献了骨髓。表现了张宝——一位普通中国人的高尚情操，讴歌了大爱无疆的精神。

二是具有批判意义的人物。这类人物专题通过对其错误言行的批判和揭露，达到警示教育的目的。例如某电视栏目《薛蛮子讲心路历程：做大V像皇上批阅奏章》就是通过对网络大V薛蛮子的狱中采访，还原薛蛮子网络造谣事件的真相，也警醒人们认清网络谣言的危害。

三是当前社会关注度高的人物。这类人物不一定是先进的，也不一定是受到批判的人物，也可能是具有争议的人物。这些人物或与当前社会热点现象关联紧密，或是某些争议话题的代表人物，或是网络红人，或是与当下某个节日密切相关的人物。总之，他的社会关注度较高、受众想了解这些人物的情况。

人物类专题的报道，要注意时效性，要注意与当前现实生活相联系。如果人物是过去出现的，就要注意与当前实际联系，即寻找新闻由头。

2. 纪实类、分析类和调查类专题

（1）纪实类专题：所谓纪实类专题，就是选取现实生活中真人真事的典型言行、思想、品德等，进行深入采访，提炼主题，直接反映生活的广播电视新闻专题报道。

纪实类专题能够充分发挥广播电视的媒介优势，通过深入细致的采访、真实的音响和画面，记录原生态的社会现象、民俗文化、历史事实等题材，揭示生活本身具有的内涵和意蕴。这类专题强调纪实性，决不允许虚构情节，也不能任意改换地点、环境等。在纪实性的前提下，可以运用各种视听手段来表现对象，以增强报道对象的表现力与感染力。

这类节目非常多，例如广播中的实况录音剪辑，电视中的《走基层》等专题报道。

（2）分析类专题：分析类的新闻专题是指对人们普遍关注的新闻事件、社会热点问题或重要的社会现象进行深入采访、解剖、全面分析，并从中生发出规律性认识，用以澄清问题、弄清真相、引导舆论的专题类型。

此类专题报道，不仅要说明发生了什么事，还要阐释为什么会发生、如何看待和对待这种事。分析、解释、说明是这类专题的任务。

中央电视台的《新闻调查》，东方卫视的《深观察》等都属此类行为专题。

（3）调查类专题：调查类专题是就公众普遍关心的某种社会现象、社会问题进行采访调查的报道。

调查性专题重在对新闻事实的调查、记录和主题思想的揭示。调查性报道不仅要揭露社会上的丑恶现象，还需要对社会热点和难点问题进行报道，也需要对和百姓生活密切相关的民生问题进行调查分析，以寻求找到最佳的解决方案。例如《新闻调查》的《开往北京的地铁》和《棚户区改造之争》这两期节目将新闻视角对准交通问题和住房问题，这些都是百姓日常生活中的重点。《开往北京的地铁》关注的是北京的地铁交通问题，《棚户区改造之争》关注的是安徽省金寨县的拆迁问题。节目中涉及问题的群众地域不一样、问题类型不一样，但是这些问题都和百姓生活息息相关，容易在受众中引起共鸣。

（二）广播电视新闻专题特点

1. 新闻性

广播电视专题和消息类新闻一样具有新闻性，需要迅速、及时地反映社会生活中的种种问题和现象。广播电视新闻节目具有新闻的基本要素，围绕新闻事件或新闻人物等展开，结合当前的社会需要，对重大新闻题材，及时深入地采访、挖掘，把新闻事件的来龙去脉都展现在受众的面前。例如 2016 年春节前夕，《新闻调查》推出一期调查类专题《单身男女》，节目通过设计相同的问题，采访不同的采访对象，获知较丰富的客观的信息，为单身男女及其父母提供思考和重新审视这个社会现象的依据。问题包括：为何还是单身？到底想要怎样的感情？父母怎样看待年轻人的婚姻观？两代人怎样平衡不同的婚姻观？节目还借助字幕、图表让信息更具有可视性。

由于采制周期的制约，广播电视新闻专题与消息相比，在时效性上没有消息突出，但新闻性仍是专题的主要特点。新闻性强调作品的真实准确，真实仍是专题的生命。无论是事件类、人物类还是调查类专题，都要求构成作品的每个细节、每种素材都是真实而非虚构的。新闻性也要求专题作品的创作者尽最大可能，迅速地把真相传播给受众。例如 2015 年 12 月 25 日早晨，山东省平邑县玉荣石膏矿发生坍塌，29 名作业人员被困井下 200 多米深处。事件发生后，各大媒体都用消息的方式第一时间进行了报道。中央电视台《新闻调查》则在 2016 年 2 月 6 日推出了《36 天生死救援》的专题报道，时效性没有消息强，却系统、深入地记录了从 12 月 25 日事件发生后的 36 天内，救援过程中的艰难，各方力量做出的努力，现场的种种突发情况，在除夕即将来临之际，向关注此事的亿万观众报道了救援现场最新、最权威的信息。

2. 专题性

广播电视新闻专题对某个新闻事实的专门报道，专题节目的时长较长，这就要求有完整的构思，在采、写、编、播等环节上更加充分地运用广播电视表现元素。例如第二十四届"中国新闻奖"一等奖作品《一波三折，一桩医疗纠纷终于妥善解决》，这篇报道通过跟踪一例医疗纠纷一波三折的解决过程，报道了面对棘手的案子、复杂的人性，医疗纠纷人民调查委员会的工作人员在依法调解的前提下，情、理、法相结合地开展工作，最终使一桩走入僵局的纠纷峰回路转、妥善解决，彰显公平、正义。报道通过解剖个案，反映出天津市在解决医疗纠纷、化解医患矛盾方面已经在全国率先形成了一套由第三方调解的有效机制。依靠这一机制，四年中成功调解 1500 多例医疗纠纷，从而把大量社会矛盾化解在基层。记者用三个月的时间，全程跟踪、记录了一桩纠纷的解决过程。从患者家属、医院代表、医疗纠纷人民调查委员会工作人员，到卫生行政、保险公司、公安等各个相关部门，记者反复多次采访，积累了翔实的素材。也正是在这样深入、细致的采访过程中，记者了解到在调解纠纷的背后，有一套第三方组织独立工作、多部门协同配合的有效机制来保证调解的公正和高成功率，从而使报道更有典型意义。

广播电视新闻专题是消息类作品的延伸和拓展，相比消息而言，新闻专题的时间长度更充足，也就可以容纳更丰富、更详尽、更系统的材料，来表现更复杂的背景材料、更深刻的思想内涵。

例如，2012 年新疆人民广播电台记者了解到一则新闻线索，江苏苏州的笪秋香在病逝前留下遗愿，将眼角膜捐给家庭贫困的患者。在苏州市红十字会的帮助下，新疆伊犁的巴依拉成为幸运的受捐者。记者立即赶赴新疆伊犁采访，并随医疗队赶赴苏州全程采访手术经过，十多个日日夜夜，记者陪伴在巴依拉的身边，并每天向新疆人民广播电台发送消息，进行记者连线，报道事件进展。巴依拉在受捐后，重获光明，回到家乡的第二天，新疆台制作了新闻专题《我把光明献给你》，用 19 分 49 秒的时长，讲述了巴依拉幸运受捐眼角膜、重获光明的全过程。与之前新疆台报道的消息相比，虽然时效性稍弱，但整个事件的过程叙述完整，细节充分、感人，比消息更有感染力。

3. 重要性

广播电视新闻专题侧重于对新近发生、发现的重大新闻事实进行充分报道，选题大多关注热点、焦点、难点问题，具有重大的现实意义，把握舆论导向的根本点是对党和人民负责，体现党和人民的利益，注重表现和赞扬真、善、美的人和事，贬斥、揭露假、丑、恶的东西。例如食品安全是百姓关心的热点话题，食品安全监管是中国政府近几年着力推进改革的领域。第二十五届"中国新闻奖"一等奖的电视专题《食品工厂的"黑洞"》，记者深入工厂进行隐蔽式采访，调查上海福喜食品有限公司长期使用过期原料制作食品，多角度、多机位展现真实现场。节目播出后，上海食品药品监督、公安等部门立即成立联合专案组，在全国范围内彻查有关问题食品的流向，也有力地推动了我国《食品安全法》的修订。

广播电视新闻专题的报道题材相对于消息类新闻更加精练，适合做消息类新闻的题材不一定适合专题类新闻。专题类新闻的题材主要是社会大众民生问题或热会热点，这些问题关系到一群人甚至全国人民的生活状态，或国家未来的发展趋势。制作新闻专题的记者需要有较高的业务水平，善于发现生活中的具有重大价值的新闻，能让更多的人关注国家未来的发展，让人民的生活更加幸福。

二、广播电视新闻专题的叙事技巧

广播电视新闻专题片的拍摄除了开头、结尾和结构安排之外，还需要掌握叙事技巧，就是怎样科学运用广播电视拍摄手段真实反映新闻事件和社会生活本身。

（一）以独特的思想和见解统摄整个新闻事件

无论多么复杂的新闻专题，其核心仍然是新闻的"5W1H"要素，尤其是其中的为什么（Why）和怎样（How）。再长的专题片也无非是对一个事实来龙去脉的梳理，挖掘新闻背后的真相，对未来情景的预测性展示。因此，记者在专题片中既要提供新闻事实，又要有鞭辟入里的分析和独到的思想与见解，给受众意外的收获。这是新闻专题的核心所在。2014年"全国新闻奖"作品湖南宁乡广播电视台的电视专题片《把粮食存到"银行"》，对粮食银行这一新鲜事物迸发出来的强劲的生命力进行了深入报道。记者在日常采访湖南种粮大县宁乡时，不少农民反映粮食生产过程中存在储存难、市场不稳定等问题，在此背景下粮食银行应运而生。记者跟踪报道了粮食银行整个运转过程，清晰地解答出了粮食银行如何发展、农民效益如何提升两方面的问题。整个片子将主题集中在粮食银行这件新鲜事儿上，认为推出粮食银行不仅解决了种粮农民遇到的存粮难、效益不稳定等一直存在的问题，对于全国粮食安全来说也是一种有益的探索。以此统摄全篇，结构完整，内容丰富而不杂乱。

（二）以深刻、全面的声像素材展示来龙去脉

新闻专题比消息长不仅是时长问题，主要在于新闻事实的丰富程度比消息要大许多。这大量的事实材料既包含大量的现场采访音响、画面等素材，也有许多背景资料。专题片的写作任务很大程度上就是科学调遣这些素材，帮助受众梳理出新闻事件的来龙去脉和真相。2014年"全国新闻奖"作品中央电视台《新闻调查》的电视专题片《头号难题》，讲述了发生在浙江省嘉善县的一起因强制拆迁上访案。由于诉求没有得到满足，熊海峰和老伴常年蜗居在拆迁办，并和女儿熊世兰从2006年起持续上访，成为让政府头疼的"嘉善第一难"。当地干部轮番上门做工作，2012年3月又派出蹲点干部芮红卫走进熊家，最终促成这起历时七年的信访积案成功化解。《头号难题》是中央电视台近年来首次涉足"强拆＋信访"这一个集中体现当下社会突出矛盾和尖锐问题的"雷区"，以高度的宣传智慧有效引导社会舆论，被观众称为"中国版的《拆弹部队》"。

（三）新闻人物化，人物故事化，故事细节化

新闻专题片成败的关键，是新闻人物化、人物故事化、故事细节化。在新闻事件的拍摄中突出对新闻人物的主人公命运变化的展现，主人公的性格通过故事情节的变化来展现，主人公具体的性格描述通过细节来展现。新闻事件中的人物、人物的故事和故事中的细节，这三者相辅相成、互相依托。

现在的广播电视专题片更注重对细节的刻画，细节可以更好地反映人物的性格。人物的性格在很大程度上决定了人物命运的变化，命运的变化就是社会的变迁、时代的变化。观众随着主人公命运的变化，感受时代的变化、揭示社会问题。这样的广播电视新闻专题片更有生命力，更贴近百姓生活，观众更喜欢收看。

例如《新闻调查》栏目的《老马的拆迁生活》，记者以老马所在的村子要拆迁建机场为故事开端，讲述老马的房屋拆迁前的经历，包括他如何在拆迁前抢建自家房屋，如何抢种地里的农作物以及兄妹如何分得父母的老房，最后怎么签字得到补偿款。以老马家的拆迁经历来反映国家的拆迁政策和拆迁工作中遇到的各种问题。整个新闻专题片结构紧凑，故事情节跌宕起伏，观众很容易被故事情节吸引。其中所有的故事都是围绕着主人公老马进行，节目反映的也是老马这么一个普通老百姓的心声。老马又是所有普通拆迁户中的一员，他也会抢盖房屋，也会遇到和兄弟姐妹分家产的问题。老马这个故事既有代表性，又有普遍性。

（四）充分把握客观解释的魅力

记者在新闻专题报道时，一定注意客观中立的立场，充分发挥客观解释的作用。所谓客观解释，就是用事实来解释事实。具体方法如下。

1. 对比解释

用事实解释事实，有一个前提，就是用来解释事实的背景事实必须具有确定的价值取向或已有定论。如果用一个意义不确定的事实去解释新闻事实，这种解释就不能成立。当用来解释新闻事实的意义确定后，

就可以通过对比的方法确定新闻事实的意义。

2. 引语解释

即通过采访到的人物语言或同期声来解释新闻事实。在大多数情况下，引语本身就是新闻事实的一部分。在专题片中，可以引用与新闻事件相关的人物的话语来解释新闻事实，大致有三类：

一是当事人的话语。用当事人的话语对新闻事实进行解释，是一种比较直接的方法，可以让受众直截了当听到当事人怎么说，是什么态度，从而对新闻事实产生直观的了解。

二是目击者的话语。在新闻报道中，目击者的话语往往是比较客观且有说服力的引语，精当的目击者引语由于立场中立、言之有据，常常会出奇制胜、一语中的。

三是权威的话语。专题报道中适时引用权威机构和权威人士的话语，能够增强说服力。

三、连续报道与系列报道的写作

广播电视新闻专题中的组合报道由同一主题或同一问题的几篇报道组接而成。常见的组合形式有两类：一是连续报道，即跟踪新闻事件发展过程，连续多次播出累积报道形式；二是系列报道，即围绕某一主题或问题，多侧面、多层次、有计划地连续播出的拓展式报道形式。

（一）连续报道的写作

连续报道是对正在发生、发展中的新闻事件及所追踪的事态进行及时的、持续的报道。在电视新闻节目传播中，连续报道的题材通常是重大的新闻事件，它追踪事件的最新动向，连续做深入、详尽的报道。

1. 连续报道的特点

（1）时效性。连续报道是事态进展过程中的报道，要求时间跨度小，应是对新近发生、正在发生或进展中的事态的报道，而且每次报道都应有新的进展。有些连续报道事先经过策划，也有些连续报道是根据新闻的进展随时进行报道的，这类报道在一些突发性的新闻报道中比较常见。这样的连续报道就更加注重新闻的时效性，必须第一时间将新闻进展报道给观众。

（2）完整性。连续报道从事态的产生一直跟踪到事态的结束。结构上的完整性又是通过对新闻事态发展过程中的多次及时报道完成的。连续报道强调新闻的有始有终，除了对新闻事件本身的报道外，还需要对新闻事件有所思考。第二十四届"中国新闻奖"一等奖作品《由保洁员吃学生剩饭引发的思考》连续两篇都是对新闻事件从不同角度的思考：《家长该怎样培养孩子的消费观？》和《厉行节约仅仅是消费者的问题吗？》。由于新闻事件在社会上引起了极大反响，引发各方热议，记者又从家庭的角度和消息的角度带领受众对新闻事件进行思考，让整个连续报道不仅有新闻事实，更有新闻深度。

（3）递进性。连续报道从报道层次上来看是逐渐递进的，不论是事件性连续报道还是非事件性连续报道，报道都由浅入深、一环扣一环地逐步递进。例如第十六届"中国新闻奖"一等奖作品《白杨树讲述的故事——留在中国大地的日本人墓园》，整个连续报道分为三个部分，第一部分主要讲述这个日本人墓园在什么位置，当初是怎么产生的，如何保存至今；第二部分主要讲述当年遗留在中国的日本遗孤被中国家庭收养的故事；第三部分请中国对外文化交流协会的会长跟大家讲述近几年中日关系的发展。新闻的三个部分中，第一部分是属于大的背景介绍，让观众对墓园有个初步了解。第二部分才是连续报道的主体，介绍中日人民之间的友情，虽然日本对中国犯下了不可能原谅的错误，但是中国人民对日本人民还是很友善，以德报怨。第三部分是对中日未来的关系的分析，让大家能从宏观角度看待中日关系以后的发展。

2．连续报道的写作原则

（1）精心选题。连续报道的题材重大，确定选题需要慎重，并且选题要能做大、做深。记者除了选取涉及国计民生的话题外，还可以选择一些有一定持续时间的报道。例如汶川地震的灾后重建工作、北京地铁拥挤问题等，这些题材都被拍摄成连续报道。

（2）纵横结合。连续报道不仅体现为新闻专题片在时间上的推移，还需要在深度上进行挖掘。上文提到的《由保洁员吃学生剩饭引发的思考》这个连续报道，就不仅报道了新闻事件的进展，后面几篇报道更主要从多方面引导大家建立合理的消费观。后续的报道升华了新闻主题，让观众的关注点不仅仅停留在我们要节约，更是倡导全社会来建立合理的消费观。

（3）结构合理。连续报道虽然是对一个新闻事件的持续追踪，但每一次报道都要能展现新的新闻信息，连续报道的最终目的是解决问题，或是向解决问题的方向进行引导。连续报道因为篇幅相对较长，这就要能够在每则报道中留有悬念，吸引观众一起关注事态变化。这些都要求连续报道的每篇新闻报道承担不同的功能，一般情况下，第一篇报道是开篇立意，第二篇报道是重点信息展示，第三篇报道是引发思考、升华主题。

（二）系列报道的写作

系列报道是围绕同一新闻主题从不同角度、不同侧面做多次、连续的报道。与连续报道一样，系列报道也是新闻多次报道的集合，连续性播出，传播效果更显著。系列报道和连续报道不一样的地方在于，系列报道的节目虽然主题一致，但是内容各不一样，从而极大地丰富了节目内容，同时突出了新闻主题。

1. 系列报道的特点

（1）主题的一致性。大多数系列报道是主题性新闻材料，着重于通过多次报道突出体现某个主题思想。例如中国新闻社重点关注灾区、震区、库区的别样故事。四川分社记者前往芦山、康定震区走基层，陆续发出《芦山震区重建走出的"新路子"》《雅安灾后重建：藏乡神山的致富"通天路"》等现场报道。这些报道既可以独立成为电视新闻节目，但是各个节目之间又有着统一的主题，就是震区的灾后重建。

（2）宣传的系统性。系列报道，从词条上来分析：系，即连缀；列，即排列。也就是说系列报道是按一定的连缀来排列的，列的连缀体现了系统性。系列报道一般分为几集播出，大多数时候都会被安排在每天相同时间，或是每周相同时间。这样的时间安排也是为了方便电视台对新闻主题做出宣传。第一天播出的内容受到观众的强烈反响，经过网络热议，后面几天内容的播出就会受到更多人的关注，舆论效应大大增加。例如从海拔 2622 米的长白山天池哨所到三峡大坝，从酒楼后厨到医院急诊室，新华社"新华全媒头条"于大年初二推出的《致敬！爱上不回家过年的人》，展现了一批坚守在公共服务战线的基层劳动者的故事，引起社会广泛关注。中央人民广播电台的记者、编辑、主持人组成数十支报道团队，足迹遍布包括港澳台在内的所有省区市，"中国之声"还把直播车开进北京、郑州、武汉等地的火车站，推出了 18 场《温暖回家路》大型现场直播。

2. 系列报道的写作原则

（1）重视策划。系列报道都有很强的策划性，这些报道不仅主题统一，从节目内容到节目结构都经过精心的安排，相互呼应。例如 2012 年中央电视台《新春走基层》介绍了免费医治西藏地区贫困家庭小孩的心脏病的故事。这个主题的节目分为两期，分别介绍了两个情况各异的藏族小孩。结构上，都采用的是时间顺序，介绍如何认识这两个孩子，两个孩子的家庭情况和即将去北京治疗的心情。立意上，突出了政府对藏区人民的关爱，汉藏一家亲。形式上，调动一切电视手段，贴近群众，贴近生活，更能打动观众的心扉。

（2）点面结合。点面结合要求报道既有具体的事实，也要有宏观层面的扩展。在上文提及的 2012 年中央电视台《新春走基层》节目中，记者介绍了两个藏区小孩如何接受检查，如何去北京治疗心脏病的故事。在节目的结尾，记者还介绍了北京开展免费给藏区小孩体检和治疗的政策是如何实施的，未来要加大对西藏地区的医疗设施建设投入，让藏区患有心脏病的小孩都能得到治疗，在拉萨就可以医治，不用再跑到 4000公里外的北京。

（3）贴近生活。在 2012 年中央电视台《新春走基层》节目中播出的

《特殊岗位上的春节》系列报道中，介绍了神仙湾哨所的官兵如何过年；长春公交集团夜班巴士司机如何过除夕；福建金峰有90年历史的义务消防队队员如何过年。官兵、公交司机、义务消防员，这些都是生活在我们身边的普通人，但就是这些普通人因为要坚守岗位不能和家人过一个团圆年。记者将镜头对准普通人生活中的平凡故事，这样的故事更能打动人心，让观众更有代入感。

第三节　广播电视新闻评论的写作

一、广播电视新闻评论节目概述

在信息泛滥的21世纪，人们对媒体的要求不仅仅是传播信息，更要解读信息，媒体不仅要告诉人们是什么，还要依据事实告诉人们怎么看甚至如何做，要帮助人们寻找到目标和方向。因此，媒体的评论功能愈加明显地得到发挥。广播电视新闻评论是以广播电视的媒介作为载体，将新闻评论的体裁与广播电视的视听语言相结合，综合运用声音、画面等手段，对重大新闻事件、社会问题进行分析、判断、发表意见的一种节目形式。

在我国当前的媒介环境下，受众对广播电视的接受度和信任度都比较高，可以说广播电视是一种受众参与度较高的媒介形式，广播电视新闻评论也成为一种上传下达、监督社会的有效渠道。通过广播电视的分析评论，受众全面、深入地了解事情的来龙去脉，细致地解读政府的政策方针，民生的疾苦和群众的呼声往往也成为广播电视评论关注的重点。可以说，在一定程度上，广播电视新闻评论体现了广播电视传播的影响力和协调力，已经成为一种不可或缺的节目形态。

作为一种重要的节目形式，广播电视新闻评论日益受到受众的喜爱，这种评论形式与传统的新闻评论既有着千丝万缕的联系，又有着其自身独有的特点。

（一）广播电视新闻评论节目的属性

新闻评论具备一些共同的属性特征，即新闻性、社会性、政论性和指导性等，广播电视新闻评论也不例外，它同样是针对新闻事实、社会热点展开评论，进行有理有据的分析，起到引导舆论、服务社会的重要作用。除此之外，在社会飞速发展的新时代，广播电视新闻评论节目还体现出一些时代感更强的新属性。

1. 平民化视角

在社会不断发展进步的今天，社会氛围宽松，受众的自主意识越来越强，他们愈发明显地体现出对社会问题的关注和热情。作为与普通百姓联系紧密的广播电视媒体，受众对其节目内容提出了更高的要求。因此，广播电视新闻评论节目应该具备平民化的视角，更好地服务大众、缓解社会矛盾，为百姓代言。

所谓平民化视角，是指广播电视新闻评论节目在内容上应该做到贴近群众、贴近生活、贴近实际，选择百姓关心的现实问题。在媒体实践操作中，要做到平民化视角，应该从以下几点着手：

首先，选题视角的平民化。广播电视新闻评论节目的选题应该严格地从受众的立场出发，在确定评论主题时要考虑民情、民意，选择百姓生活中亟待解决的、最具有现实意义的问题。对于一些具有宏观意义的大选题，新闻工作者应该将其微观化，将之与百姓的生活实际联系起来。

其次，论述方式的平民化。今天的受众已经不再是应声倒地的靶子，他们不需要媒体的灌输和教导，因此广播电视新闻评论的论述方式也应该随之变化。评论节目在论述中应该秉承以受众为中心的原则，与受众贴心地交流，站在百姓的角度说话，而不是高高在上，不可一世。

最后，语言表达的平民化。这主要体现在评论节目中要注意语言的通俗易懂，要用百姓喜闻乐见的语言和方式展开评论。例如一直备受观众喜爱的凤凰卫视的《锵锵三人行》节目，其针对社会热点话题或热点新闻事件展开讨论，用唠家常的风格传递意见。节目中众人各抒己见，但又不过于追求问题答案的正论，而是俗人闲话、谈笑风生，通过平民化的视角和语言自由交流观点，给受众带来一种轻松而又亲切的媒介体验。

2. 个性化评述

个性化评述主要是指广播电视新闻评论节目具备自身独特的传播内容或传播形式，形成了一种不同于其他节目的个性特色。

随着社会信息交流渠道越来越多，社会竞争越来越激烈，媒体想要通过独家新闻而立名的时代已经一去不复返，但是他们可以通过个性化的评论立足甚至是扬名。例如中央电视台的《对话》《新闻1＋1》、凤凰卫视的《锵锵三人行》《有报天天读》等栏目，都是通过鲜明的个性化评述而被受众记住。

广播电视新闻评论节目形成个性化评述的重要一环是通过主持人或嘉宾的个人特色来支撑的。主持人或嘉宾的个性魅力在其进行评述时会充分地展现在节目之中，并且逐渐和节目风格融为一体，使整个节目形成自身的特色，并成为吸引受众的重要砝码。

3. 多元化主体

多元化主体主要是指广播电视新闻评论节目中评论主体的多元化。与报纸相比，广播电视是受众更广泛、参与性更强的媒介形式，因此广播电视新闻评论节目的论证主体具备多元化的特点。

在广播电视新闻评论节目中，论证主体一般不是一元的，媒介的特点决定了这一过程需要多方相关人士共同参与评说。一般情况下，节目中既有主持人、记者对新闻事实进行基本概述评论，又有当事人、专家学者、群众等各方主体从不同的视角和领域进行分析评述，使得评论节目观点更具专业性，视角更具广阔性，是一种符合广播电视媒介特点的传播方式。

（二）广播电视新闻评论节目的特点

1. 声音元素的运用

不同于报纸的传播方式，作为一种有声媒介，在广播电视的传播过程中，声音起到了不可替代的重要作用，因此，在广播电视新闻评论中，运用好声音元素十分关键。

首先要用好现场语言。现场语言是指在新闻事件现场采录的人物的讲话声，它是新闻事件现场人物的思想、情感、性格、环境等因素的综合体现。现场语言真实地展现了新闻事实，带给受众极强的冲击力和感染力，是广播电视新闻评论节目中不可忽视的重要内容。

其次是用好播音语言。播音语言主要是指主持人和嘉宾在直播间或演播室中的讲话声，在广播电视新闻评论节目中，播音语言往往起到评论、总结的作用，这既可以提升节目播出的整体效果，也可以有效地引导受众对新闻事实的认知，因此要重视播音语言的运用。

最后要用好现场音响。现场音响是指除了新闻采录现场人的声音和音乐外其他的一切声响。现场音响可以展现时间、空间，可以表现人物的形象和心理，有效地增强广播电视新闻评论节目的现场感和感染力。

2. 画面元素的运用

画面是电视媒体吸引受众的法宝，电视的画面可以更加直观、形象地表达内容，对受众形成视觉的冲击，同时电视可以让不同评论主体处于同一时空。因此电视新闻评论节目是感性与理性相碰撞，主观与客观相融合的一种评论形式。

要想运用好画面元素，应该从以下两个方面着手：第一，抓住典型画面。在电视新闻评论节目中，一般要对所评论的新闻事实进行介绍和回放，而想要抓住受众，第一步就必须在回放新闻事实中展现典型画面，这些典型画面可以帮助受众理解并记忆新闻事实，在此基础上形成自己的判断；第二，抓住细节镜头。细节镜头一般是指新闻报道中能够较为明显地展现新闻事实和新闻主题的局部单元。抓住细节画面可以深化新闻评论节目传递的内涵，大大提高新闻信息传播的效率。

可以说，画面是提升电视评论节目可视性、增强电视评论节目说服力的重要因素，它使电视评论节目内容更加丰富、形式更加多样，能更好地满足受众的多样性需求。

（三）广播电视新闻评论节目的形式

在信息爆炸的时代，评论性内容越来越受到重视，广播电视新闻中评论性的内容不在少数，如广播电视新闻中配发的本台评论或短评，记者或主持人的即兴评论，评论员的连线评论等。但具体到广播电视新闻评论节目，其形式与一般的广播电视新闻评论又有所区别。

广播电视新闻评论节目的形式主要是指广播电视评论节目的基本存在形态，具有一定的稳定性，在一定时期内形成节目自身的风格和特色。从目前的媒体发展现状来看，广播电视新闻评论节目的形式主要有三大类，分别是广播电视新闻述评、广播电视论坛和评论员评论。

1. 广播电视新闻述评

广播电视新闻述评类节目是一种将新闻基本事实的报道与基于新闻事实的评论相结合的传播方式，它将叙述与评论融为一体，夹叙夹议，是较为流行的一种评论节目形式。广播电视新闻报道者一边报道新闻事实的具体情况，一边对事实做出分析评论。

在节目结构安排上，新闻述评类节目一般以演播室中主持人的叙述、介绍为由头，配以相关内容的画面和同期声，节目的结尾处往往又回到演播室，以主持人对事件的总结点评收尾，结束一期节目。例如家喻户晓的《焦点访谈》栏目，就是新闻述评类节目的代表，它往往采用一事一议的节目模式，针对社会中政府重视、群众关心、普遍存在的问题进行探讨，提出问题、分析问题，将叙述与议论有机地结合起来，大大提升了节目受欢迎的程度。

广播电视新闻述评类节目将述与评有机融合在节目之中，既向受众传递了事实，也向受众传递了思考和逻辑，帮助受众更加理性地做出自己的判断，是一种百姓喜闻乐见的节目形式。

2. 广播电视论坛

广播电视论坛节目是以广播电视为媒介平台，通过主持人与嘉宾之间的交谈来完成新闻事实和思想观点传递的节目形式。在这类论坛节目中，交流贯穿节目的始终，因此给人一种亲切、自然的感受，也避免了单向传输的不足。

在谈话节目的结构安排上，一般针对热点的新闻事件、人物或现象展开讨论。讨论在节目主持人与节目嘉宾之间展开，一些节目受众（场内或场外）也参与其中、集思广益，形成了一种良性的互动。例如凤凰资讯台的节目《时事辩论会》，每天一个热点话题，并从内地、香港或海外邀请不同行业、背景迥异的专家学者、社会名流参与其中，以小组辩论的形式深入探讨，形成热烈的探讨甚至是争辩气氛。同时，节目进行中也会邀请受众在线互动，并对他们提出的问题展开讨论。正是节目中主持人与嘉宾之间火花四溅的交谈甚至是争论，使《时事辩论会》成为受众关注度较高的节目。

3．评论员评论

评论员评论是广播电视评论员或特约评论员就当前群众关心的问题或重大新闻事件、社会现象，直接面向受众表达意见、看法和态度的节目。例如凤凰卫视的《时事开讲》节目。

二、广播电视新闻评论节目的文稿写作要素

想要做出优秀的广播电视新闻评论节目，前提是写好新闻评论的文稿。一般来说，写好评论需要把握好三要素，即新闻评论的论点、论据和论证。在一篇评论中，论点是表明评论者的观点，论据是为了证明观点而进行的举证，论证是用论据来证明论点的过程和方法，三者有机结合在一篇评论文章之中，使文章具有理论性和逻辑性。

（一）论点

论点是一篇文章的中心思想，表明作者对所评之事的思想、态度和看法。在广播电视新闻评论节目中，评论的论点一般是主持人或新闻记者，基于新闻事实本身的起因、经过、结果等因素表达的对事件的看法和态度。

在信息泛滥的 21 世纪，新闻评论越来越受到重视，这是因为评论中

的观点、思想可以向受众更加明确地传递信息，而新闻评论中的论点部分是传递信息的核心。论点是新闻评论所围绕的中心，是作者对事物的判断和意见，因此把握好论点是理解和把握新闻评论的关键，论点也是判断一篇新闻评论好坏与否的重要标准。

一般来说，论点分为总论点和分论点。总论点也被称为中心论点，是一篇文章或一次节目的主题。分论点是为了说明和阐释中心论点从几个方面深入地展开论述，它由总论点统帅，为总论点服务。时长较短或结构简单的广播电视新闻评论节目，一般只包含了中心论点，没有分论点；内容较为庞杂的节目可以用分论点来展开说明，这样让节目更具条理性。在一次广播电视新闻评论节目中，一般都只有一个总论点。作为节目的灵魂和统帅，论点应该符合两点基本要求，一是正确，二是独到。

首先，广播电视新闻评论节目要保证论点的正确合理性，这是节目能够顺利播出的前提条件。看上去论点正确的要求似乎并不难，但在实际操作中必须重视这一点，在节目中发表观点的主持人和评论员毕竟是生活在复杂的社会环境之中，思想和行为难免受到社会各种因素的影响，会有自己的好恶判断，但这种好恶甚至是偏见不应该被带入节目之中，应该尽力秉承客观的态度，站在社会公众的角度去思考问题、发表意见，这是保证广播电视新闻评论节目论点正确的基本前提。

其次，广播电视新闻评论节目中的论点还应该尽力做到独到和具有新意，这是节目脱颖而出、受到群众欢迎的关键。好的广播电视新闻评论节目的论点不应该是司空见惯的事实，而应该是透过现象看本质，挖掘出大家看不到或想不到的观点，让人收看之后有眼前一亮的新鲜感。

（二）论据

论据是新闻评论中证明论点的正确性并使论点不断深入的材料和证据。

广播电视新闻评论节目中的论点要立得住脚，需要一些论据进行说明、论证和支撑，因此广播电视新闻评论节目离不开论据，节目中论点和论据相伴而生，共同起着说服人、引导人的重要作用。

一般来说，新闻评论中使用的论据有两种，即事实论据和理论论据。

1. 事实论据

事实论据是广播电视新闻评论节目中出现的用来证明论点的真实存在的事实，主要包括代表性较强的人证、物证、历史资料、统计数字以及典型事例等。在选择事实论据时有一些基本要求，具体如下：

第一，保证事实与论题相关。在制作广播电视新闻评论节目时，首先要确立节目的论点，在此基础上选择与论点相关并可以较好地证明论点的事实和材料作为论据，要精挑细选，这样才能保证论述的说服力。

第二，保证事实的真实可靠。真实是新闻的生命，新闻评论基于新闻事实而发表观点，因此必须真实。新闻评论的真实必须体现在每一个细节，在广播电视新闻评论节目中，一些当事人的采访、事件的回顾及其他的典型事例等，都要保证真实可信，不能为了追求生动而渲染、夸大甚至编造事实。可以说，事实论据的真实可信是保证评论节目真实感人的前提，因此在选择事实论据时，一定要认真甄别核实。

第三，保证事实的新鲜性。新闻评论是依托新闻事实进行评论的，和新闻一样讲求新鲜，因此在选择事实论据时，要尽量选择新近发生的事实，这样新闻评论中的观点和思想才更容易被证明、被接受。

2. 理论论据

理论论据是新闻评论中常用的另一大类论据，是新闻评论能够立得住脚的理论支撑。一般来说，理论论据主要包含以下几种类别：

第一，科学的定义、规律等。这些都是已经被证明了其合理性的依据，因此是新闻评论在证明论点正确时最有力的论据。

第二，被实践证明正确的理论。一些理论和规律虽不是科学定理，但是多年的生产和生活实践总结和感悟出的规律，这些规律不需要去特别证明，一般都会被人们认可和接受，例如四季交替、昼夜交替等，这些也可以用作新闻评论的论据。

第三，国家的法令条文，党和政府的政策决议。党和政府一般经过严格的考察和审核才会出台相关的政策、条例，因此具有科学性，是新闻评论节目中阐明观点、判断是非的常用理论论据。

第四，古今中外的名人名言、诗词、谚语等。这些名人名言或俗语谚语一般都是经过了历史的检验，能够较为精辟地说明道理，具有合理性，因此才能流传至今。因此，如果能够恰到好处地引用这一理论论据，能让广播电视新闻评论节目体现出更为深刻的哲理。

（三）论证

论证是用论据来说明论点的过程，展现了论点和论据之间的逻辑关系。在广播电视新闻评论中，论证是通过声音、画面以及声画之间的配合来完成的，通常是评论员通过语言和画面来展现事实、证明观点的过程。

在广播电视新闻评论节目中，论证起着非常重要的作用，将论点与论据结合起来，而不同的结合与论证方式直接决定新闻评论的质量：论证不到位，再好的论点和论据也无法充分地展现；论证有力则可以让受众信服，展现出新闻评论的影响力。

一般来说，新闻评论论证的方式有两种，一种是立论，即从正面阐明道理，证明自身观点正确性的论证方法；另外一种是驳论，是通过驳斥与自己观点相左的观点的错误性而证明自己观点的正确性，在反驳中确立起自己的论点。

1．立论

在广播电视新闻评论中，立论主要是指评论者对新闻事实发表自己的意见和观点的过程。这一过程是循序渐进的，首先要确定好评论的选题，然后广泛地搜集材料，进行调查研究，在这一过程中发现可能的立论角度。

在立论的过程中，要坚持以下基本原则：

（1）立论要准确。这是立论的基本前提，也是保证广播电视新闻评论节目能够正确引导受众的关键。如果评论节目的立论错误，其他的一切都是空谈。

（2）立论要有针对性。这主要是指新闻评论节目中的立论要针砭时弊，针对社会生活中亟待解决的问题、百姓关心热议的问题而提出，这样做出的新闻评论节目才能为受众喜闻乐见，更好地引导社会舆论。

（3）立论要前沿。这主要是指新闻评论节目在立论时不仅要关注社会热点问题，更要积极地探究事物未来发展的方向，预测可能出现的问题和矛盾，并尽可能地设想出解决问题的办法，这样才能指导群众的生产和生活。

2．驳论

通过驳斥错误的、片面的观点来树立起自己的论点，这就是驳论。在广播电视新闻评论中，驳论是通过声音、画面等展现想要驳斥的事实，然后通过主持人或评论员的语言来指出原有事实的问题所在，并树立起自己的观点。

驳论可以通过反驳对方的论点、论据或论证来完成。反驳对方的论点是驳论中使用较多的一种方式，即直接指出对方观点的片面荒谬性或不合理性。反驳对方的论据是通过指出对方事实论据或理论论据中存在的不合理性，以此推及对方的观点无法立足。反驳对方的论证是指出对方在论证的逻辑性上存在的问题或不合理性，以此来证明对方论点的错误。

第四节　广播电视新闻的融媒体文本写作

一、互联网时代广播电视新闻写作的融合发展

（一）广播电视融合发展现状

中国互联网络信息中心于 2022 年 8 月发布的第 50 次《中国互联网络发展状况统计报告》显示，截至 2022 年 6 月，我国网民规模为 10.51 亿，较 2021 年 12 月增长 1919 万，互联网普及率达 74.4%。随着移动互联网

的到来，传统纸媒和门户网站转型加快，自媒体不断涌现，机器人和算法技术不断升级，新闻内容的生产和传播都发生了深刻的改变，未来网络新闻领域的产品将加快换代升级。截至 2022 年 6 月，在网民中，即时通信、短视频、网络新闻、网络直播和在线医疗用户使用率分别为 97.7%、91.5%、75.0%、68.1% 和 28.5%，用户规模分别达 10.27 亿、9.62 亿、7.88 亿、7.16 亿和 3.00 亿。

在媒体大变革时代，面对着内外生态压力、矛盾，甚至是危机，传统广播电视媒体不断进行自我调整，以适应不断变化的媒介生态环境。在传播平台日益多样化的今天，以声音和图像见长的广播电视媒体更要立足自己的阵地，拓展广播电视媒体融合发展，加强传统媒体和新媒体的互补效应，日益突出共生关系的竞合模式。基于互联网新媒体传播移动化、社交化、视频化的趋势，传统媒体已然感受到强烈的生存危机，广播媒体积极瞄准和使用最新的技术借力加快融合发展，在新媒体日益壮大的当下逐步走出发展的新道路。

广播电视媒体与互联网融合发展，不只是把互联网及互联网创造的种种传播形态（网站、微博、微信、客户端等）视为广播电视媒体价值链条上的一种延伸和补充，而是要发挥广播电视媒体优势，实现全媒体的视听新闻同步传播。这就需要建立一个全媒体视听一体化的采编播系统平台，包括基础云平台、应用服务平台、融合媒体业务系统三个分平台以及与之相适应的机制，包括创建深度融合、开放运作的新闻采编播机制，构建适应全媒体新闻传播需求的目标考核体系，分别为以用户为中心，以业务为导向，以"内容＋技术"的深度融合指导技术规划、运行流程和处理机制。目前，全国省级以上广电机构和部分市县广电机构都开办了微信、微博、客户端等业务。一云多屏、多屏互动、从线上到线下（O2O）、城市信息云平台等不断涌现，如中国网络电视台的"一云多屏、全球传播"，苏州广播电视台的城市信息综合服务云平台"无线苏州"。有些地方探索建立了融合式新闻中心、节目中心，通过电视端＋电脑端＋移动端＋可穿戴设备，积极开展视听内容的一次采集、多次分发、全媒体传播，如无锡台的"六位一体"融合传播。

（二）广播电视新闻写作的全媒体化

不论是媒介形态的变革还是渠道的拓展，其发展依托的基础都是内容的创新。脱离内容，纵然渠道多样、形态新颖，也只是徒有光鲜的外在，而内容生产制作才是关乎广播电视媒介发展的内涵。因此，广播电视新闻写作也应顺应形势，在内容生产制作环节寻求新的突破，致力于创新变革。

1. 变为听而写为三位一体

众所周知，声音和画面是受众使用广播电视获取新闻信息符号的载体。因此，广播电视新闻写作在长期以来都是为听而写，使用通俗易懂的语言对新闻事实进行叙述，力求受众接收新闻信息时不受语言理解的阻碍。口语化、通俗化的语言更加接近受众的生活，更加易于理解。因此，广播电视新闻写作中大多使用口语化、通俗化的语言，来顺应受众喜俗厌雅的心理特征。

然而，随着新媒体的出现和使用，广播电视新闻仅仅追求受众喜闻乐见的内容制作是远远不够的，仅仅追求受众听得懂、喜欢听的语言风格更是与长期发展目标不符的，广播电视新闻写作应提升思想高度，增加内涵厚度，扩展视野宽度。因此，这便要求广播电视新闻写作应有机结合文字符号、图像符号和声音符号，完美融合象征叙述、表意和抒情的文字、图像和声音，结合三者的优势，摆脱各自的桎梏，真正给受众带来听觉、视觉和感官三位一体的阅读享受。

2. 变固定格式为多样丰富

写作本身是一种表达和传递的活动，是充满创新性和突破性的创作。然而广播电视新闻写作长期囿于新闻的体态，受新闻写作结构和新闻事件叙述时态的限制，写作形式固定化、格式化。这不仅导致广播电视新闻同质化现象严重，更易使受众对媒介产生抵触反感。因此，广播电视新闻写作在格式和结构上，要敢于尝试不同的文体，勇于打破固化的写作模式，运用吸引人的多样化结构，借鉴网络新媒体的新体式。广播电视新闻写作的语言要大胆地接地气，将新的网络流行用语和热词、新词融合在内容写作中，力求使广播电视新闻写作的内容表现形式更为多样、更加丰富、更具有悦读悦听性。

3. 变单向传播为互动传播

互联网作为一种新技术，带来了全新的新闻表达元素和全新的表达形式。这种全新的表达元素主要是指在线互动设置，全新的表达形式则是指各种媒介元素的融合呈现。上述两点是传统广播电视媒体新闻所不具备的，也是融合新闻与传统媒体新闻的关键区别所在。

表达元素包括文字、图片、音频、视频及互动设置等多种媒介元素。传统广播的表达元素非常单一，主要是音频这一种媒介元素；电视运用文字、图片、音频、视频等来传达信息，却缺少了在线互动设置这一关键的媒介元素。相对而言，在传统媒体当中，电视在多种媒介元素的运用方面已经表现出了很强的融合特征。电视新闻报道在集影像、声音、文字、图片为一体的时候非常容易操作，具有黏合多种媒介元素的得天独厚的技术优势。即便如此，传统意义上的电视新闻仍然没有很好地融合各种元素，其原因主要在于作为旧媒体的电视虽然能够综合运用音频、视频、文字、图片等多种媒介元素呈现新闻信息，但欠缺互动设置这一关键性媒介元素。这里的互动设置是指在线互动设置，它是数字新媒体与旧媒体的关键区别，它让用户可以随时随地参与内容生产和传播、分享自己的见解；它联结着用户生产内容和专业生产内容，彻底改变了新闻传播与收受关系，将用户的地位提升到内容创造主体的高度，提供了传播主体与收受主体平等对话的无限可能性。

互联网新技术还带来了全新的表达形式，全媒体融合新闻在文字、图片、音频、视频等媒介元素的表达基础上，将互动设置纳入进来，共同致力于新闻信息呈现效果的最优化。

全媒体融合新闻根植于互联网技术，人类也恰恰是在掌握了互联网科学技术之后才能创造、运用和发展融合新闻报道的操作技术。追根溯源，融合新闻与传统新闻的区别实质上还是媒介技术、媒介平台的区别。全媒体融合新闻只有依托互联网媒介技术并在互联网媒介平台上才能实现，传统媒体囿于媒介技术的局限，是无法达到全媒体融合新闻的效果的。

全媒体给广播电视新闻带来巨大挑战，也促进了良性的竞争，更好地推动媒介的转型发展。广播电视新闻写作在新媒体时代，只有打破成规、积极创新，无论从内容还是形式上，真正带给受众全方位的感官触动和视觉体验，将获取信息的过程变为体验享受，以期应对全媒体的挑战，追求更深更远的发展。

二、广播电视新闻的网络文本改写

（一）广播电视新闻写作与网络媒介写作的区别

1. 语言风格的不同

报刊新闻写出来主要是供读者用心去读的，因此它使用的语言主要是书面语。广播电视新闻写出来的文字主要是供播音员诵读、听众和观众收听的，因此二者使用的主要是口头语。书面语文雅端庄，赏心悦目；口头语生动活泼，顺耳动听。而网络媒体可以做到如同报纸一样，新闻的基本版面以空间形式构成，受众可以通过浏览标题等有选择地阅览自己需要的新闻内容。网络媒介的这些特点决定网络新闻的语言是简练、直白、使人一目了然。这是传播速度的需要，也是空间的需要。

2. 谋篇布局的不同

报刊文章可以让读者拿在手里翻来覆去地读，可以让读者借助工具书解决阅读时遇到的疑难问题。而广播电视播出的声音一去不复返，听众和观众只能随着时间的流逝，按顺序来接收播出的信息。因此，为报刊撰写的新闻稿在谋篇布局上可以先果后因，可以倒叙、插叙，可以单线直叙，还可以多角度、多方位、多侧面地叙述。而给广播、电视写的新闻稿，则一般是先因后果、单线直叙，按一定的排列顺序，沿着视听的线性方向去谋篇布局。

网络新闻却一改这种线性文本结构的积习，利用多媒体的优势，采用了超文本结构。所谓超文本结构，就是文本的构成，不仅有文字文本，而且有声音文本、图片文本、动画文本甚至影视文本。在超文本结构中，新闻中的每一个重要人名、地名、时间，甚至每一个词语、每一个句子、每一个事例，都可以连接另一个声音文本、图画文本、动画文本或影视文本，使新闻信息的连接不再仅仅是线性的，而是网状的，使新闻的准确性大大增强。在其他几种文本的配合下，网络新闻的文字文本更显示出它的独特优势。

3．跨媒介表达

跨媒介表达由电视、报纸、广播、网络及其他新媒介文本表达系统构成。广播表达与电视一脉相承，在用解说衔接不同传播符号方面，广播与电视异曲同工。与电视为看而写、为听而写略有不同，广播只为听而写。一方面，广播尤其注重口语化；另一方面，因其传播符号缺失图像、字幕等视觉元素，只涉及听觉系统的解说、同期声、音响、音乐，故视觉形象只能借助广播解说的描写手法呈现，这与电视解说的少描写明显不同。因为不少网络报道均转载自报纸，故网络文本对报纸文本的表达技巧具有一定继承性。不过网络更新快、互动强等特性为网络文本表达注入了新因素。超文本写作、实时写作、多媒体形式、交互式写作，为网络文本表达勾勒出异于报纸文本的样貌。

跨媒介表达映射在文本整体，也投照在文本细节上。以消息标题为例，报纸标题可虚实结合，书面色彩浓厚；广播电视标题则限于实题，口语风格鲜明，相较而言，诉诸声音的广播标题比诉诸文字（字幕）的电视标题口语色彩更浓；网络标题不仅以实题为主，也更强调标题的吸引力，以便网民的阅读兴趣从标题页延展至正文页，为便于文本的日后搜索，关键词的设置也成为网络标题制作的重要因素。

跨媒介表达既体现在传播符号、话语方式的转换上，也表现在报道角度等方面，因为融合新闻的最终走向并非同质化。报纸以深度取胜，广播电视以现场感、形象性见长，网络以速度、信息量胜出。跨媒介表达的法则是文本内容与形式均要突出不同媒介的传播特性，因为每种媒介技术都有自己的内在偏向。

（二）改写成网络文本的常用方法

将传统的广播电视媒体播出的新闻改写成为适合网络传播的网络新闻，它所遵守的是网络信息产品的层级发布规律。

首先，确定新闻稿件改写的具体方案，确定网上报道的这条新闻的最佳手段：文本文件、音响、图片、连接、现场直播，或某种互动的方式，尽量选择与传统媒体不同的报道形式。

其次，网络新闻是讲故事的另一种形式——非线性说故事（超文本）。非线性说故事侧重于非叙述性内容，如网页上的图片和超链接。这种讲故事的方式对网络新闻传播是非常重要的。

再次，非线性说故事依靠的是新闻报道的组织和策划，目的是给读者某种互动的选择。读者通常是通过新闻标题作为故事的入口，然后根据自己的需要和选择，通过超链接节点走向一张照片或图表、一段录音或录像。

最后，在每条新闻旁，还设立一个读者电子邮箱和读者论坛。因此，网络新闻稿件的改写必须依照它的多级链接规律来展开，第一层级是新闻标题的改写，接下来分别是内容提要（导语）、新闻正文、新闻背景、延伸性深度信息等的改写或添加，下面具体展开叙述。

1. 网络新闻标题的主要功能

（1）导读功能。导读功能是网络新闻标题最核心的传播价值。由于网络新闻信息量巨大，页面大小有限，网络新闻的主页面只能以矩阵的形式呈现新闻标题，文本文件在用户点击标题之后才能打开页面。网络新闻标题要引导读者从海量的新闻信息中选择自己感兴趣的新闻进行阅读。因此，网络新闻写作首先要通过文字标题来赢得读者的注意力。

（2）检索功能。新闻标题通常被新闻网站设置为搜索引擎的一个重要选项，同时它也是用户识别与查找相关新闻信息的最初标识。新闻标题的质量好坏直接关系到新闻在搜索引擎上呈现的面貌。目前，互联网上的大型搜索引擎，一般是根据文章前几十个字的关键词语进行数据库的收集与编录，而如果不能严格遵守诸如重要结论前置、重要关键词前

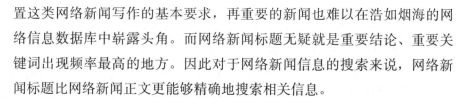

置这类网络新闻写作的基本要求，再重要的新闻也难以在浩如烟海的网络信息数据库中崭露头角。而网络新闻标题无疑就是重要结论、重要关键词出现频率最高的地方。因此对于网络新闻信息的搜索来说，网络新闻标题比网络新闻正文更能够精确地搜索相关信息。

2．网络新闻标题的写作技巧

在网络新闻传播过程中，标题不仅可以起到导读的作用，而且可以方便检索。这就决定了将传统新闻转载到网络时，网络新闻标题的语言应该独具一格，不仅要勾起读者的阅读欲望，还要便于二次传播。因此，除了新闻标题对语言运用的一般要求之外，如准确、精练、规范等，网络新闻标题在语言运用上还应该采取与传统新闻标题不同的方法。

（1）凸显核心信息。

对于新闻检索而言，网络新闻标题是重要结论、重要关键词出现频率最高的地方。因为标题直接反映了新闻事件中网民最关心、最吸引人、最重要、最精彩的信息点。阅读者即使不看新闻正文，只看标题，也大体知道新闻事实的主要内容。从这个意义上说，网络新闻的标题本身就是新闻。因此，在制作标题时，必须凸显事实主体，把握核心信息。例如 2016 年 6 月 18 日全国四六级英语开考当天，各大网站都对此事给予了关注。下面是各大网络的新闻标题：（2016 年 6 月 17 日人民网）英语四六级考试 18 日开考，取消短对话、短文听写；（2016 年 6 月 18 日新浪教育）全国大学英语四六级开考，900 万考生挑战新题型。

这两条消息的标题都关注了所有考生热议的关键，即当年四六级考试的信息——题型变化，人民网直接点明了题型的变化是"取消短对话、短文听写"，新浪网的标题只点到"考生挑战新题型"。总体上来讲，这两个标题各有千秋，人民网更直白，新浪教育能够引导受众点击打开阅读全文，找到新题型的具体答案。

（2）对比矛盾两面。

对比手法就是将两种相反或相对的事物，或者将同一事物的两个相对的方面放在一起加以比照的语言技巧。网络新闻标题可以抓住新闻事实中对立、矛盾的两面或两点，巧妙运用对比、对偶修辞方法，加深读者的印象，激发阅读欲望。

第一，同体对比，即将同一事物或现象的两个相对的方面放在一起加以对比，例如：（2009年3月30日网易新闻）男女网恋上午领结婚证，下午签离婚协议。

第二，异体对比，即将两种相对的事物或现象放在一起加以比照，例如：（2016年6月17日中国台湾网）李登辉夸蔡英文不输撒切尔夫人；台网友：真恶心。

网络新闻标题经常把相反或相对的事物或现象加以对比，从而造成一种正反映照、正反相衬的效果，能给人留下很深的印象。

（3）语义句法的异构。

在现代汉语中，词语之间有着一定的、固有的搭配方式。一般情形下，不能改变或破坏它们之间的这种搭配方式。不过网络新闻标题为了表达的需要，有着许多改变或破坏它们之间的这种一定的、固有的搭配方式的现象存在。这些偏离常规的搭配似乎有悖常理，实际上却是以事物内部包含的对立因素的相互衬托来表达事物的微妙特质，不仅可以带给读者新鲜感，而且会使所要表达的意思更加生动。

第一，语义搭配异构，例如：（2008年8月13日新华网）中国男篮输球没输人，一场"胜利的失败"。

"胜利的失败"前后词语之间的语义特征不符合正常匹配规律。但是这种陌生表达很能吸引读者的眼球。

第二，句法搭配异构，例如：（2008年3月12日东北新闻网）牛萌萌和两位帅哥PK，片中很女人很过瘾。

程度副词"很"和名词"女人"进行搭配。这种变异的搭配不但会给人一种新奇的感觉，也会让读者产生阅读兴趣。

（4）巧用戏仿。

所谓戏仿，就是在网络新闻标题中对以前出现过的大众耳熟能详的语言表达形式进行仿拟，创造出一个熟悉的陌生形式。当读者看到这个"熟悉的陌生人"时，往往会产生一种好奇心理。这种心理可以有效地激发受众强烈的探究意识，去点击网络新闻标题。所以说运用戏仿，可以大大增强网络新闻标题的表达效果。例如：（2009 年 1 月 16 日新华网）黄牛出没一票难买，谁动了我们回家的车票。

　　该例是模仿我们熟悉的斯宾塞的作品《谁动了我的奶酪》而来的。

　　这些仿拟的"熟悉的陌生人"在网络新闻标题中的运用，使得新闻标题独具一格，更能增强读者对网络新闻标题的可接受性，让读者在轻松、戏谑的心情中完成网络新闻的阅读。

第六章　融媒体时代新闻写作模式的实践创新

第一节　新闻写作理论与实践错位研究

一、"以文字为载体"理论与载体多元化实践的错位

新闻最早是以文字形式在报纸上进行传播的，即便后来摄影及现代印刷技术的发展令新闻出现了文字加图片的新形式，但新闻仍以文字为主；声光电技术的发展令新闻有了新的传播媒介，但广播新闻仍有文字稿，文字作为新闻主要载体的地位依旧不可动摇。直到各媒介的深度融合打破这一既有范式，一方面，计算机信息处理技术与互联网的迅速发展，技术的有力支撑致使新闻呈现方式多元化成为可能；另一方面，更为重要的是人们意识到视觉化思维的重要性，如何在新闻写作中将真实画面、第一手资料传递给观众，仅凭文字无法达到理想效果，而视觉化思维强调感官联通互动。因此，文字不再是新闻呈现的单一依赖，视频、图画、音频等元素皆成为新闻写作的重要载体。

（一）"新闻以文字为载体"是传统新闻写作理论研究者的共识

新闻的呈现方式受新闻传播媒介的影响，随着传播媒介的改变发生着变化。报纸是新闻最早的传播媒介，现代意义上的印刷报纸随着印刷技术的机械化出现，因社会需求的日益增长，以及资本主义生产力的发展开始定期面向公众发行。纸媒决定了新闻依靠文字形式传播，以文字为信息载体，这一事实影响着传统新闻写作理论的建构。近代意义上的

　　新闻写作诞生于西方报纸和媒体，因此西方新闻写作理论是随着报业的发展产生的。笔者未能在西方新闻写作理论中找到直接描述新闻依托于文字的叙述，但从自己掌握的理论里对新闻写作的要求中仍能找到只言片语证明文字在新闻写作中的地位。例如在西方客观报道理论中强调将文字分析置于事实叙述之后，强调以冷静的语气叙述事实，控制使用情感色彩的词语；再比如西方的深度报道理论要求记者运用评述性文字对新闻意义、性质进行分析，因此在西方新闻写作理论中文字表述占有十分重要的位置。

　　"以文字为载体"的认知同样得到我国传统新闻写作理论研究者们的认可。20 世纪 80 年代新闻写作经历了拨乱反正、正本清源，理论研究迎来了空前的繁荣。在这样的大背景下新闻写作理论更加系统、成体系，对新闻及新闻写作的定义也更加清晰。早在 1982 年，宋志耀就曾于《谈新闻写作》一书的前言中谈及新闻，他指出新闻是以事实描写事实，报道新闻事实时，如何挑选和安排具体事实，结构、层次如何发展，描写的语言、文字、情境等如何安排都是有讲究的。

　　时隔两年，另一部在 20 世纪 80 年代极具代表性的新闻写作图书出版，即徐占焜的《新闻写作基础与创新》，同样指出"新闻要用最简练的文字，写清楚最重要的事实"，"新闻是写给读者看的，要吸引读者，就要生动活泼。为了做到这一点，记者在采访时，就要努力捕捉生动的事实，在写作时，要用生动的表现力强的语言来再现事实"。

　　在媒介融合之前，新闻主要依靠文字，"文字是新闻的载体"这一观念在人们的头脑里根深蒂固，所以即使 20 世纪 90 年代开始新闻写作的研究逐渐从简单到复杂，从静态到动态，从微观到宏观，从封闭到开放，在 1990 年之后出版的理论书籍中依然能找到相似的表述。正如著名新闻教育家甘惜分先生在《新闻学大辞典》中所言，新闻写作是"新闻采集者根据已收集的材料用文字形成新闻作品的过程"。

　　刘建明在《宣传舆论学大辞典》一书中对新闻写作的概念加以厘清，他将其定义为"新闻写作，记者根据对客观事物的了解和认识，用恰当的文字表述新闻事实的报道过程"。

欧阳宏生的《新闻写作学概论》也是 20 世纪 90 年代较有代表性的新闻写作理论书籍，他在图书开篇对新闻写作的定义是：新闻写作是记者运用语言符号创造并制作新闻作品的一种主体性精神劳动，概念中的语言符号主要指以文字形式出现的书面语。

即使进入 21 世纪，媒介融合的趋势已然出现，但是，具有代表性的新闻写作教材仍然将文字视为新闻写作的主要载体。在刘明华、徐泓和张征共同编著的教材《新闻写作教程》中，第一章开篇就对新闻写作下了简单明确的定义：新闻写作是记者把采访中搜集到的材料、信息，通过文字制作成一定体裁的新闻作品的过程。在戚鸣编写的教材《新闻写作》中也有相似的表述，他写道：新闻写作是文学创作的兄弟，它应该是一种技能写作，必须将所见事物转化为文字形式，对事实加以描述。即便是依靠声画传播的电视台、广播等媒体，同样无法忽视文字在新闻制作过程中的重要作用，其新闻内容仍是以新闻稿为基础的，新闻稿的写作依托于文字。广播、电视的新闻写作理论依旧遵循新闻写作的一般规则和要求，正如赵淑萍在《广播电视新闻采访与写作》中明确指出，广播电视新闻写作必须遵循新闻写作的一般规则和要求，广播依旧需要写文字稿，文字要简洁、口语化以方便听众。而电视新闻是以图像、声音、文字为符号的，它依旧有文字稿，记者在写作时既要考虑看，也要考虑听，以寻求声音与画面的对位。

由此不难看出，"新闻以文字为载体"成为我国传统新闻写作理论研究者的普遍共识。然而，随着媒介融合的逐渐深入，计算机信息处理技术与互联网的迅速发展为新闻写作提供有力的技术支撑，致使新闻写作获得了更为自由、丰富的发挥空间，也在实践中发掘视觉化思维与感官联动对于新闻内容表达的重要性，因此，视频、图画、音频等皆被引入新闻写作，载体呈现多元化特征。

（二）媒介融合背景下新闻的载体更加多元

在融媒体时代，新闻写作呈现出多元素融合的趋势。传统媒体的网络版、客户端新闻中以文字为主要载体的情况逐渐发生了改变。新闻载体更加多元化，新闻的呈现方式越发丰富多彩。

1. 媒介融合背景下新闻载体多元化的具体表现

（1）文字、图片、视频、音频等多种呈现方式的自由组合。

在传统新闻写作理论中，新闻主要依靠文字来呈现。尽管纸质媒体在版面允许的情况下配有少量图片，但是图片往往处于附属或补充位置，依赖文字做内容传输载体这一点一直不曾改变。这一写作范式导致新闻的信息表现形式相对单一，临场感与直面感不足，更难以满足新闻接受者获取更为全面信息的需求。在媒介融合背景下，视觉化思维在新闻写作中发挥的作用越来越大，而现代数字技术的发展为其由想法变为实践提供坚实的保障。因此，新闻写作如果仍然固守"以文字为载体"的传统理论，不能灵活运用图片、视频、音频等多种呈现方式，那么文字再为详尽也无法准确复制新闻现场的真实画面，导致新闻写作单一化、视觉效果差等弊端，更无法在竞争激烈的新闻媒体行业脱颖而出。而融媒体时代对摄像机、电脑等科技产品的有效使用，在新闻写作实践中探索除文字外的多种载体，不仅可以提高新闻接受者的阅读兴趣，还能创造更为开放多元的新闻写作实践空间。由此可见，"以文字为载体"的传统新闻写作理论在实践中表现出明显的错位，与时代需求不相匹配，而融媒体背景下的新闻写作实践有意突破这一传统理论。对比纯文字的新闻写作与加入图片作为载体的新闻写作，我们可以看出"以文字为载体"的传统新闻写作理论并不完全切合融媒体时代的新闻写作需求。

此外，在新闻写作实践中，文字、图片与视频三者有机结合的形式更受欢迎。视频形式的加入弥补了图片呈现的过程性不足，以更直观的动态方式记录了新闻的发展过程。对比单纯依赖文字为新闻内容的传输载体，文字、图像、声音多重信息输出，让新闻内容得到了更好的呈现。

以 2019 年中国海军成立 70 周年参加活动的首艘外国军舰抵达青岛这一新闻为例，××报 2019 年 4 月 20 日刊登了标题为《参加人民海军成立 70 周年多国海军活动的首艘外国舰艇抵达青岛》的新闻，采用了纸质媒体较为传统的文字叙述形式，在版面允许的情况下配有一张图片，但图片本身并无实际意义，而仅仅作为文字的附属存在。新闻中交代了外国舰艇到达的时间、地点，并对"第一艘外国军舰"加以强调，文字十分简短，是典型的动态消息。简短的消息交代了最基本的时间、地点和事件要素，却并不能让新闻接受者获取更多更详细的信息。新华网在 19 日发布了同题目的新闻。这则新闻内容包含文字、图片及视频，除去最基本的时间、地点信息，文字部分还对事由进行了简单交代，并用简短的文字交代了此次庆祝活动的基本日程安排。图片部分对现场情况及军舰外形进行了多角度拍摄，视频部分则交代了舰艇的基本信息、与中国的渊源、海军礼仪和国际舰队检阅的相关内容，含有更加丰富的信息。

此外，近年来传统纸媒的网络平台中出现了视频新闻的形式，依靠图片的叙事性和视频的动态拍摄来呈现新闻。例如新华网发布的《花样繁多！运动员点赞军运会餐饮》的视频新闻。新闻用视频动态记录了就餐环境的干净整洁，通过对运动员的采访，真实记录了他们对餐饮的良好评价，而文字在新闻中以字幕的形式少量出现，起到辅助的作用。至此不难发现，采用的文字与图片、视频、音频相结合的方式进行新闻写作实践更符合融媒体时代的需求，而传统新闻写作理论表现出明显的滞后与错位，新闻的多元化呈现已成为一种普遍现象。

（2）视觉化思维与多元载体的深度融合。

在图文组合呈现方式的大量出现后，随着文字表达逐渐走向视觉化、图片更加叙事化，图解新闻、数据新闻这些新的呈现形式应运而生。图解新闻与数据新闻同样也是不以文字为主要载体的呈现方式，相比前文中文字、图片、视频这样多元化的组合呈现方式，图解新闻和数据新闻中文字不再是新闻主要载体的情况表现得更加明显。与文字与图片结合比起来，图解新闻、数据新闻更能体现融媒体时代对视觉化思维的崇尚，以及多元载体之间的深度融合。在图解新闻与数据新闻之中，文字与图片结合更加紧密，原本晦涩难懂的文字被图表代替；文字呈现出碎片化特征，词句间不再依靠文字串联，字数明显减少，图中有文、文中有图，文字与图片相辅、相补、相扶的情况较简单的文图结合更加明显，也更为融合。透过这种图文深度融合的新闻写作形式，多元载体的阅读优势更为明显，也更反衬出仅仅依赖文字作为载体的传统新闻写作理论的脱节与错位。

"以文字为载体"的传统新闻写作理论并不能满足当下新闻写作实践需求的有效例证。而数据新闻除了充分利用大数据来撰写新闻以外，它的呈现形式与图解新闻大致相同，即将图、文、表格真正地融合。在传统的新闻写作理论中，文字的作用被充分凸显，纸媒中通篇以文字进行写作的报道不在少数，这与媒介的限制不无关系。而融媒体时代致使各媒介之间原本并不互通、彼此割裂的状况被打破，更使视觉化思维的落实成为可能。媒体为了更好地呈现新闻，在写作实践中做出了更多尝试，图片、视频等多种新闻呈现载体的使用，有效提高了新闻报道的内容价值度与观看便捷度，同时意味着文字在新闻写作中的作用被削弱，致使实践与理论呈现出不同步的状态，对传统新闻写作理论的完善与革新成为当下势必要解决的问题。

（3）未经文字加工的音频形式在广播媒体中出现。

融媒体时代的广播新闻同样呈现出由"以文字为载体"向多元载体过渡的趋势特征，这一多元载体主要表现为未经文字加工的音频形式。广播的出现令新闻传播的媒介发生了改变，新闻开始通过声音的方式进行传播，但新闻播报前记者仍需要对新闻进行文字加工，也就是说广播新闻依旧存在新闻稿，新闻稿以文字为载体，遵循新闻写作的基本要求。广播的新闻稿是对新闻内容相对口语化的文字总结和归纳。而媒介融合的背景下这样的情况发生了改变，当下广播新闻中常有现场录音或采访录音直接加入新闻播报中的情况。这时的新闻内容已不是记者文字整理后的第三人称叙述，而是直接对音频截取加以使用。传统的广播新闻是将文字稿通过声音播出，是纸媒的音频化；而在融媒体时代，在信息处理技术的有力支持下，采访录音、连线的形式出现，这些部分只是记者对录音的剪辑，是记者的口头叙述而非记者的文字加工，这与传统广播新闻写作理论中的内容是截然不同的。

由此可见，非文字处理的内容如今在广播新闻中出现的频率十分高，并在实践中充分表明其对新闻广播效果的优化作用。具体而言，这有利于缓解广播新闻稿写作的压力，减少文字整理的工作量，同时增加新闻播报的真实性。通过在新闻中直接引用现场录音或采访音频，听众可以直接获取当事人说话的状态与情感倾向等信息，而新闻播音员按照文字稿转述无法完全实现新闻复原。从纯粹的文字整理和第三人称叙述，变成了部分文字与现场音频的合理结合，未经文字加工的音频形式打破传统广播新闻写作理论中对于新闻文字稿的依赖，并揭示出传统新闻写作理论与当下新闻写作实践之间的错位与不同步。

2．新闻呈现载体多元化的主要原因

在媒介融合背景下，图片、视频、音频等多种载体形式的出现令新闻呈现方式更加多元，多种载体与文字有机结合，新闻看似零散实则自然融合，篇幅简短但内容和形式更加丰富，不再是简单地对新闻信息进行文字处理与引用，而是利用摄像机、计算机等各种现代多媒体设备，将现代技术参与融媒体时代新闻写作所带来的优势最大化。而所谓视觉化思维，深入挖掘其背后意涵，不难发现，这一思维指向新闻写作，应当重视新闻接受者的阅读感受，他们的言行、需求牵动着新闻媒体的发展和变化，因此视频、图片等多种载体自由组合、深度融合的创新形式，更符合新闻接受者的心理期待。更为重要的是，融媒体时代，新闻产业链条与产业生态皆发生巨大改变，新闻媒体自身如何突破限制、改革完善，是关乎其能否在新的时代背景中解决生存危机并在竞争中脱颖而出的关键。革新势在必行，一味固守传统新闻写作理论，势必难以满足当下写作实践的切实需求，无法达到效果预期。因此，新闻呈现载体多元化的原因主要有以下三点：

（1）技术发展的支持。

当新闻写作不再仅仅依赖文字作为载体，而是能够深度融合图片、视频、音频等多种元素在同一新闻当中时，意味着其背后有着强大的现代技术的支持。自21世纪开始，网络技术发展迅猛，媒体的网络版、客户端层出不穷，网络成了新闻的一种新的传播载体，打破了新闻写作在时间、空间的限制。同时，作为新型的信息传播载体拥有强大的技术支撑和硬件支持，可兼具数据、文字、图片、声音、视频等多种表现形式，在网络空间内存储、汇总以及融合多种形态的资源信息，增强信息处理能力，并建立分类明晰的立体化资源库，以便在新闻写作中根据需求提取相关内容，互联网技术的数据化、智能化为新闻从单一的文字叙述形式走向多元化的个性化定制提供了技术支持。多媒体技术可以实现各类文字及数据的传输，还能够实现彩色图像、声音、影音等视频形式的播放，彼此可以共存，互不干扰。技术发展这一强有力的前提保障，使介质终端的多元兼容成为可能。

网络的多媒体性在传统媒体的网络版、客户端中表现得尤为明显，在网络催生下的数字媒介平台中，传统媒体可以通过多种形式对新闻进行报道，做到图文结合、动静皆备，纸质媒体因此摆脱了只能依靠文字和少量图片的限制，广播和电视在保留自身特点的基础上也可以借鉴其他媒体的表现形式，互通互融，令自身的呈现方式更加丰富和多元，更加富有感染力。与此同时，在强有力的技术支撑下不仅是多种方式的简单组合，图文深度的融合也成为可能。在文字量减少，更加碎片化的情况下，图片与文字自然融合，令内容连贯，图中有文，文中有图，更生动有趣。因此，当下新闻记者不再仅仅依靠一支笔进行新闻采写，而是配备一整套具有各类用途的多媒体采写设备，如电脑、手机、摄像机、录音笔、无线上网卡等，可以同时满足记录新闻第一现场画面、声音等信息的功能。

除此之外，AR、VR技术的不断发展也为新闻的多元化呈现提供了有力的技术支持。AR、VR技术通过虚拟现实技术还原场景，可从视觉、听觉等多种感官给予人们更真实的体验。美国在2013年首次将这项技术应用于新闻报道，中国也从2015年大阅兵报道开始在新闻报道中使用VR技术。有了AR、VR技术的加持，新闻报道的动态感增强，受众的亲临感加强，带来了更多的情感共鸣，新闻报道朝着沉浸式报道的方向又迈进了一步。正是在技术发展的支持这一前提下，多种形式组合的新呈现方式开始广泛被应用在新闻写作上。

（2）新闻接受者需求的推动。

在传统新闻写作理论中，新闻传播者享有信息资源的话语权，具有很强的控制能力，可以决定信息传播的内容与表达形式，而新闻接受者只能处于被动接受的位置，其个人喜好与阅读习惯对于处在强势地位的传播者而言，影响并不大。然而，融媒体时代的新闻写作实践已经表明，市场成为决定新闻媒体走向的重要因素，新闻接受者同时作为消费者的这一身份得以被凸显，他们的声音越来越受到新闻传播者的重视，成为当下新闻媒体生存发展的重要支撑力。受众期望新闻以何种面貌出现，怎样最能够切合受众的新闻阅读与观看需求，如何保证受众拥有更为舒适的新闻接受体验？这是当下新闻写作必须考虑的问题。因此新闻不应该仅仅以文字形式出现，而应提供丰富多元的呈现载体，以实现受众的阅读期待与需求，达到最为理想的市场效果。在融媒体环境中，新闻接受者出现了杂糅式的信息需求，一方面受众对信息内容的需求由单一转向多样化，另一方面受众已不满足于单一的传播渠道和单一的新闻呈现方式，对信息呈现方式的需求从单一过渡到多元化。受众对新闻呈现方式需求的改变在一定程度上推动了当下新闻多元化报道，无论是文字、图片、视频、音频等多种方式的自由组合，还是技术支持下诞生的H5、VR报道等新形式，无一不是媒体为给受众带来更多元的新闻报道而做出的努力。因此，所谓视觉化思维的背后，实际上代表着市场与受众对新闻写作的影响逐渐加大。新闻接受者地位的提升造成传统新闻写作理论无法完全适应当下的新闻写作实践，从而造成二者间的错位与不同步。

（3）新闻媒体自身的生存压力。

在媒介融合的时代背景下，新闻产业链条与新闻媒体所处的生态环境都发生了巨大的变化，尤其是当新闻接受者的消费者地位被提高，与之对应的市场经济效益对于新闻媒体自身而言，无疑是巨大的生存压力。因此，媒体行业内部竞争加大，在消费者可以择优选择的融媒体时代，单一的新闻呈现方式已经无法满足受众的新需求，如果一味固守传统新闻写作理论，而无法顺应当下的现实需求，新闻媒体必然陷入生存与发展的困境。以纸媒《新文化报》的停刊为例：2020年1月11日，《中国证券报》发布《华闻传媒投资集团股份有限公司关于控股子公司与有关报社终止经营性业务授权协议的公告》，正式宣布《新文化报》停刊，而在停刊原因这一部分做出明确解释，称"近几年，由于移动互联网的飞速发展，新媒体、新技术层出不穷，传统平面媒体特别是报纸行业面临整体性冲击，许多报纸已经无法持续正常经营"。

《新文化报》并非个例，它的停刊能够反映出传统纸媒普遍面临的生存压力与发展困境。除《新文化报》外，黑龙江的《北方时报》、山东的《生活日报》、江西的《吉安晚报》、湖北的《武汉晨报》等多家纸媒在2020年1月起选择停刊。由此可见，在融媒体时代，媒体行业内部竞争压力加大，即便是在之前享有巨大社会影响力与获得可观经济收益的新闻媒体，也有可能面临停刊的风险。尤其是纸媒，固守传统新闻写作理论，仅仅依赖文字作为载体的思维，已经不再获得新闻接受者的偏爱，这也便表明，传统新闻写作理论在当下并不具备完全切合的指导能力，实践与理论之间存在错位与空隙。想要在激烈的行业竞争中存活下来，就要学会在新闻写作实践中对传统理论有所变通。因此，新闻媒体如何突破限制、改革完善，成为关乎其能否在新的时代背景中解决生存危机并在竞争中脱颖而出的关键。竞争中巨大的压力在一定程度上令媒体被动做出选择，当他们意识到仅靠新闻内容已很难占据优势，便纷纷着手于新闻呈现方式的改变，凭借多元化的载体增加新闻阅读与观看的适应性，迎合市场的个性化需求，以增加自身竞争力，缓解行业竞争的压力。

（三）新闻写作理论应考虑到新闻多元化呈现

在媒介融合背景下，新闻写作突破了"以文字为载体"的理论认知，与传统新闻写作理论形成了明显的错位，新闻多元化的情况与传统理论已不相适应，用原有的理论无法合理规范当下的新闻写作实践，也无法更好地指导实践，长此以往甚至会加剧新闻实践与理论发展的不平衡，不利于融媒体时代新闻写作的发展。因此，在媒介融合背景下丰富原有的理论，结合实际建构新的写作理论是十分必要的。

当下新闻的多元化呈现迎合了受众的需求，丰富了新闻的呈现方式，虽与传统理论中的描述有所不同，但与其核心内容并不违背，且有利于新闻写作的长远发展，因此这一情况应被纳入新的写作理论当中。首先，新闻及新闻写作的概念需要重新界定，在融媒体环境中新闻是用文字或其他载体形式真实反映的客观事实，新闻写作则是通过纯文字或多元化载体组合、融合的形式制作成一定体裁新闻作品的过程。其次，应积极探索新闻写作实践中多元化呈现的普遍规律，以便更好地规范新闻写作实践。此外，在新理论建构时应考虑到各种呈现方式的优势及短板，充分考虑到这些呈现方式应用到新闻写作实践中可能会出现的问题，强调多元化呈现规律在实践中的灵活运用，避免新闻写作中表述不清或歧义。

二、"背景资料不可或缺"理论与背景资料灵活化实践的错位

在传统新闻写作理论中，新闻背景资料往往作为非常重要的一部分出现在新闻的内容主体当中。作为与新闻事实相关的重要材料，合理地运用背景能够对新闻中可能存在的阅读难点进行说明和解释，补充和新闻相关的历史、地理、人物关系等信息，从而达到表述更为清晰明确、更富有表现力的新闻写作目标。因此，在既有的新闻写作理论中，往往十分强调背景资料的不可或缺性。但是，随着融媒体时代的到来，新闻写作对背景资料的使用变得灵活化，不再将出现的位置局限于新闻内容主体当中，而是结合写作的实际需要，进行更为自主和灵活多样的选择。通过当下新闻写作实践不难发现，对背景资料的灵活使用确实促使新闻报道获得了更好的效果。因此，传统新闻写作理论中主张的背景资料不可或缺与融媒体时代背景资料灵活化的实践之间，存在理论落后于实践的错位关系。

（一）传统新闻写作理论中背景是新闻内容不可或缺的重要部分

新闻背景是新闻事件发生和发展的必然要素，是与新闻事实有着必然联系的内容。背景资料在传统新闻写作理论中占据着不可或缺的重要位置，主要源于以下三个方面的原因：首先，任何新闻都不可能凭空产生，新闻事实往往牵涉到复杂的人、物关系，必然有背景资料与之密切关联，背景资料能够起到良好的补充、解释、说明的作用，在新闻写作中合理使用背景能够消除读者阅读上可能遇到的障碍，令读者能够更好地理解新闻内容。其次，各个新闻事件之间看似独立存在，但任何事物都不是孤立的，实际上彼此可能存在因果等联系，而这种联系需要依靠背景资料加以论证反映。最后，新闻都是多层面、多角度的。在进行新闻写作时，记者只能以一个层面为主，选取一个角度，背景资料就可以在其他层面对事实进行补充，从另外的角度反映事实，向读者展现事情的全貌，有助于读者对事件有更全面清晰的认知。因此，背景资料是新闻中不可或缺的重要部分。

考察国际新闻写作发展史可以得知，运用背景资料的风气是第二次世界大战时期兴起的，欧美记者们十分注重并擅长对背景材料加以运用。对于中国而言 19 世纪末期我国已经有报纸倡导，运用背景写新闻的情况逐渐普遍起来。实践影响着理论建构，在传统新闻写作理论中曾有不少学者提到过背景对新闻的重要性，将其视为新闻内容的重要组成部分。

美国新闻学者麦尔文·曼切尔指出背景对新闻十分重要，甚至断言不使用背景材料，几乎没有什么报道是全面的。忽视这个忠告的记者，他们决不能给读者和听众提供充分的情况。胡乔木很早就对新闻中背景的运用有过强调，他在《人人要学会写新闻》一文中指出："读者在读你写的新闻时既不会随时翻字典、看地图、查各种参考书，也不会把你过去的作品和其他相关的新闻都找在一起来对读，你可能给他的各种麻烦全靠你在写作时像情人一般地细心体贴，防患未然。你得在你的新闻里供给他详细的注释。"

徐占焜在他的书籍《新闻写作基础与创新》中，也提到背景在新闻中有重要的位置，并指出背景对新闻有重要的作用。就如同绘画中有烘云托月的说法，在新闻中背景也是为了烘托主题，令主题更加鲜明而存在的，恰到好处地运用背景能够在新闻写作中起到对比、衬托的作用，从而烘托和深化主题。此外，杨善清通过《新闻背景与新闻写作》一书梳理新闻背景与写作的关系，向人们证实新闻背景对新闻写作的重要性。杨善清明确指出：新闻背景是与新闻人物和新闻事件有机联系的条件、环境和动因，并提出"交代新闻背景是新闻写作的一项基本要求"这一观点。在书中作者引用了新闻老前辈陈克寒在《新闻要有背景》中的话"新闻报道要正确地反映事物，就常常要介绍它的背景"，以此严明新闻背景对新闻写作的必要性和重要性。为了印证自己的观点，杨善清列举了新华社发表的由毛泽东撰写的消息《中原我军占领南阳》。这则消息是新闻史上一则十分典型的合理运用背景的新闻，消息气派、精炼，是一则难得的佳作。这则消息通过四个小节层次分明的叙述，由远及近叙述了南阳的重要地位。新闻将解放战争与中国历史上的典故自然而然结合在一起，充分反映出在胜利面前军队势如破竹的气派。同时，巧妙地运用历史背景，说明了南阳的战略地位以及我军占领南阳的重要性。

　　此外，杨善清又以记者范长江的文章《从嘉峪关说到山海关——北戴河海滨夜话》为例进行了分析，在这则新闻中范长江引用了李后主的诗词，孟姜女哭长城的传说、宋初名将杨业孤军战死的故事以及明朝英宗被外族活捉的故事，意欲借古讽今，号召人民与侵略者进行抗争。新闻多次使用插叙的手法交代背景，触景生情，深化主题。通过实例向人们证明了合理的背景使用确实让这则新闻锦上添花，更加鲜活生动起来。背景是新闻中必不可少的内容，有着重要的作用。但背景的存在方式多种多样，它可能是词、短句，也可能是一小段话；在新闻中并没有固定的位置，视新闻写作的需要，可以被放在导语、开头、主体部分，甚至置于结尾。有人曾提出过多数新闻含有背景，但也有少数没有背景的观点。但实际上就如前文所说背景没有固定的位置，也没有固定的长短，有时背景信息会十分零散地分布在新闻中，当背景穿插在新闻的主体部分时，一些情况下记者会将它化作句子的成分揉进新闻中，看起来并不明显，因此有时会给人背景资料消失的错觉。背景资料是一直存在的，它并不独立于新闻之外，而是根据写作及表达需要灵活融于新闻内容主体之中，是新闻内容中重要的一部分，这是不争的事实。

（二）媒介融合下背景资料可独立于新闻内容之外

在传统新闻写作理论中，背景资料是新闻不可或缺的重要组成部分，甚至有人说背景资料是新闻背后的新闻。因此，在新闻写作中将背景资料引入主体内容成为普遍认可的范式。但是，在旧的新闻传播时代，版面有限，当在一则新闻中既要讲清楚事情因果，又要加入背景资料，甚至有时需要普及相关延展信息时，往往造成各要素之间相互争夺内容占比，如何取舍成为新闻写作者需要考量的难题。直到进入融媒体时代，计算机信息处理技术与互联网的迅猛发展为这一难题寻求到了解决的途径。当下新闻写作实践对于背景资料进行多元灵活化处理，背景资料既可以出现在新闻内容主体之中，也可以凭借链接形式完全独立于新闻主体之外，以全新的方式呈现出来，使内容主体部分更为简洁明了，或为其他新闻写作要素留出空间。无论从何种角度而言，其所达到的效果都更为理想。因此，传统新闻写作理论所主张的新闻主体部分背景资料不可或缺，在当下融媒体时代的实践中已经不再具备完全切合的指导意义，背景资料在新闻中位置的灵活化改动，证实了当下实践与传统理论二者间的错位，实践显然已经超越理论，走在前面。

1. 背景资料可在新闻内容外独立、多元出现

新闻背景分为历史背景、地理背景、知识背景、人物背景、事件背景、政治背景等多种类型。在传统的新闻中背景是新闻整体的一部分，由于新闻主要由文字承载，背景也依靠文字叙述，在文本之中，背景起到解释、说明等作用，令新闻更加丰满、完整，也让受众更好地理解新闻事件。

综合考察融媒体时代的新闻写作，可以将新闻背景资料的出现方式分为三种类型，第一种为灵活融入式，第二种为内外呼应式，第三种为独立存在式。

第一种灵活融入式符合传统新闻写作理论对新闻背景的要求，将新闻背景资料灵活融入新闻的主体文本当中，凭借文字的方式来呈现信息，有时是词句，有时作为句子的成分零散地分布在新闻主体内容之中。例如：2019年10月12日，中国新闻网发布了一则题为《科考队前往吉林松原寻找"陨石"搜索范围已缩小》的新闻。东北多地有居民目睹疑似陨石坠落的火光划过，科考队便前往各地搜寻，记者对此进行了新闻报道。新闻中交代了事件的前因后果，指出当前范围已缩小到吉林松原，但最后科考队并未找到陨石样本。这则新闻中共有四处交代了背景，第一处是首句，向读者交代了报道的原因；第二处位于第三段，记者对吉林省博物馆的介绍，简单地给出了吉林省博物馆的资料，交代了它与陨石之间的关系；第三处背景位于在新闻倒数第二段的第二句，用直白的话语将火流星和陨石雨这两个较为专业的名词加以解释，予以区分；最后一段是新闻的第四处背景，对历史背景做了交代，告知读者40多年前吉林省曾出现过陨石雨，科研人员收集并保留了一颗陨石，就是现收藏在吉林省博物馆的"吉林一号"。记者用简单的文字分别对新闻的事件背景、历史背景、知识背景进行了交代，背景信息以句子和段落的形式自然地融于新闻中，令读者对新闻事件有了更加充分的认知，记者以直白、简单的方式补充了可能阻碍读者理解的知识，更用简短的话语对历史情况加以说明，让读者对相关的事件有了大概的了解。此则新闻在写作中对背景的使用恰当合理，也符合传统新闻写作理论中有关背景的叙述，是十分典型的依照传统新闻写作理论对背景资料的应用。再例如：光明网于2019年11月4日转载北京晚报北晚新视觉网的新闻，《中国原创治疗阿尔茨海默症新药获批上市，网友：苏大强有救了！》这篇新闻的第二句话是记者对阿尔茨海默症进行的简单介绍，即加入了知识背景，避免此病症过于专业化而对人们理解新闻造成障碍，让人们能更好地理解新闻；同时，阿尔茨海默症患者的记忆力、判断力下降的情况又对应了后文药物的作用，知识背景与后文起到了呼应的作用。

融媒体时代新闻写作实践对背景资料的灵活运用，第二种类型则为内外呼应式，即新闻内含一部分背景，新闻主体外附加更多补充。新技术带来新媒介，也带来更为丰富、兼容的新闻呈现方式。当下传统新闻媒体依托于网络建立了网络版和客户端，在各大网络平台建立官方账号，在一篇新闻报道中可以融入文字、图片、视频、音频等多种元素，因而背景资料的呈现方式有了更多的选择空间。当新闻中涉及一些较为专业的内容，依托于网络的独特优势，媒体会将关键词设置成超级链接，相关的信息以超级链接的方式给出，不再是新闻主体内容本身的一部分，受众可以根据自己的需要自行查看。例如："嫦娥一号"卫星在成功实现绕月飞行以来首次遇到了月食情况，中新网在2008年2月21日依据中央电视台的报道撰写了新闻，在新闻中将"嫦娥一号"卫星设置为关键词，超级链接中的内容是对新闻知识背景的交代，可帮助读者详细地了解嫦娥工程的相关资料，能够加深读者对新闻的理解。这种情况一般会出现在文章的开头部分，科技类、体育类新闻里比较常见。背景逐渐可以脱离新闻内容成为独立部分，不再占用新闻的主体部分，令新闻更加简短清爽，利用链接有效地扩充了背景的信息量，同时满足了受众新闻简短但内容增加的要求。

融媒体时代背景资料呈现的第三种类型为独立存在式。这一类背景资料既不是三言两语可以说清的，受到篇幅版面的限制无法完全或概括进新闻主体内容当中，同时又对新闻内容的理解起到关键性作用，因而会有另一篇新闻报道予以详尽的介绍，而以超级链接的方式独立在新闻之外，当读者需要了解时可以自行查看。比如：2019年11月2日《人民日报》官方微博发布了一则关于举报豫章书院的志愿者遭受死亡威胁的新闻报道。这则新闻的文本内并没有对豫章书院发生过的事情进行交代，新闻缺少历史背景，但在下方记者附上了一则链接，点开链接即可看到一则来自界面新闻的独家新闻，题目为《举报豫章书院志愿者称遭到死亡威胁，原书院山长回应：与我无关》。

这篇新闻的第二段较详细地交代了豫章书院事件，第三段交代了事件的调查结果和处理结果，帮助读者更好地理解原新闻的内容。这一情况在后续新闻报道中经常出现，在微博等限制字数的融媒体平台中也十分常见。这一类背景资料呈现方式最能体现融媒体时代新闻写作实践对传统新闻写作理论的突破，在旧传播时代无法解决的版面限制难题，依靠现代技术的不断发展而得到解决，背景资料得以完全独立于新闻主体部分之外，仍然能够实现甚至更有利于实现其价值。新闻背景独立的情况意味着背景不再是新闻文本中的必然部分，这与传统新闻写作理论形成了明显的错位。从融媒体时代背景资料的多元灵活化呈现形式可以看出其对传统新闻写作理论的突破。依照新的形式进行写作新闻简洁明快，信息更多，顺应了当下受众的要求，具有时代特点。

2. 背景资料独立于新闻之外的主要原因

融媒体中新闻背景资料可以独立于新闻文本之外，不占篇幅的情况下使新闻信息量增加，这样清爽又简洁明快的情况得益于网络技术的发展，以及网络中超级链接技术应用的日渐成熟。此外，新闻接受者对新闻信息量增加、形式简洁的要求也是此种情况形成的主要原因。

（1）技术发展的支持。

融媒体时代背景资料能够以多元化、灵活化的方式呈现，得益于现代信息技术的迅猛发展，可以说，技术发展为其提供了强有力的硬件保证。在旧传播时代，传统新闻写作理论强调背景资料的重要价值，却无法调和新闻写作各要素之间的信息占比关系，在版面篇幅有限的情况下，以文字为载体的新闻写作必须进行衡量与取舍。而融媒体时代的现代技术与互联网发展都是难以预料的，当图片、视频、音频以及超级链接等元素皆可以纳入新闻写作当中时，对背景资料的呈现方式便有了更多的可能。尤其是超级链接技术的迅速发展，这种技术在各自独立的信息间链接了一条纽带，令信息可以通过超级链接的方式被链接到众多的平台。目前，很多媒体、平台均支持超级链接的形式，发布新闻时，新闻写作主体可通过超级链接的形式关联平台内的消息，也可以关联另一平台的信息。超级链接技术的发展减轻了资源提供商逐一建立链接的负担，有效缓解体系交错、管理困难的局面。此项技术被广泛应用在信息传播中，包括新闻信息的传播中。媒体在进行新闻写作时，将超级链接设置于新闻内容主体的下方，在无形中进行信息扩容，同时保持新闻本身的简洁清爽。在融媒体时代，新闻内容触及的领域越来越多，牵涉到的信息面越来越广，正是在超级链接技术的支持下，新闻才能既保持简洁又涵盖丰富的信息。

（2）新闻接受者需求的推动。

首先，新闻接受者对于新闻相关信息的获取需求，致使背景资料在新闻写作中的重要地位无法被取代。新闻接受者渴望得知新闻背后的信息，以及与新闻密切相关的深层内容。而背景资料就是与新闻事件相关的事实，这些新闻背后的新闻正是受众格外关注的，因此，新闻背景资料不可替代，越是详尽细致的背景信息，越能够满足受众的需求。

其次，融媒体时代信息更迭速度加快，人们每天都被无数的信息包围着，但是生活节奏的加快令他们难以将更多的时间放在阅读新闻上，希望能够在尽量短的时间内从较短的篇幅中获取更多有效的信息，希望新闻尽量简洁明快。因此，将背景资料以灵活化的方式呈现，尤其是将其独立于新闻主体部分之外，更能够贴合消费者的阅读需求。

此外，在媒介融合背景下，新闻媒体不再享有绝对的信息控制权。为了在激烈的行业竞争中保持优势地位，获得市场经济效益以维持长久发展，成为新闻媒体不得不考虑的重要问题。因此，所谓视觉化思维其背后强调的是以消费者意愿为重。当新闻接受者在进行新闻阅读时，有权选择是否接收全部信息，即掌握信息接收的主动权，并享有更加自主的选择权。因此，背景资料的灵活多元呈现方式实际上是为了照顾到每一位消费者的个性化需求。在新闻写作时，为了满足部分受众获取更多信息的需求，写作者借助现代技术，在超级链接中提供较为详尽的背景资料，帮助他们更详细地了解新闻事件背后的内容。同时，将选择权交还给新闻接受者，连接是否打开取决于每一位阅读者，而非新闻写作者。除此之外，将最重点的部分置于开头，以照顾到想要在短时间迅速掌握重点的读者。同时满足新闻接受者信息含量丰富、形式简洁明快、自主选择性强等多种需求，以带给其更优质的阅读体验。

3. 新闻背景资料可独立出现应被纳入新闻写作理论

在媒介融合之前，背景资料一直是新闻主体内容中不可或缺的一部分，但随着融媒体的兴起和发展，新闻内容主体与背景资料的关系发生了微妙的变化。新闻依然需要背景，背景依然起到解释、补充、说明、交代新闻重要相关信息的作用，但背景资料的呈现方式发生改变，不再局限于仅仅出现在主体内容当中，而是可以分成灵活融入式、内外呼应式与独立存在式三种存在形式，变得更为灵活化、多元化，也更为切合融媒体时代新闻写作的实际需求。因此，融媒体中新闻背景资料的独立出现突破了"背景资料常存在于新闻中"的理论认知，与传统新闻写作理论形成了明显的错位，背景资料独立出现的情况与传统理论已不相适应，原有的理论无法规范实践，实践与理论发展不同步的情况也得不到解决，不利于融媒体中新闻写作的发展。当旧有的新闻写作理论无法完全适应当下写作实践时，应当不拘一格，对其加以改进和完善。

因此，结合媒介融合的具体情况，对传统新闻写作理论中对应的部分进行补充是很有必要的。首先，应重新界定新闻背景资料出现方式，对背景资料独立的情况进行补充说明，并交代适应范围。其次，融媒体环境中信息繁杂，来源众多，要指出引用他人内容前信息核实的重要性、必要性，阐明不当引用会引发的问题。此外，还应强调背景资料的灵活引用，在引用背景资料表述存在死角时，及时地用其他方式进行补充说明，以避免受众对新闻有所误解。

三、"真实性第一"理论与时效热点追求过度化实践的错位

在旧传播时代，新闻媒体掌控着绝对的传播渠道与话语权力，保证

新闻写作的客观真实，并以专业权威的态度进行新闻报道成为新闻从业者坚守的准则。而当媒介融合不断深入，网络的发展令自媒体及网络媒体繁荣起来，并且很快成为新的新闻平台。如果说在旧传播时代中，媒体代表官方的声音，那么在当下新兴网络媒体则为社会与普通人提供了发声的渠道，新闻界因为更多声音的加入变得繁荣和多彩。但是，开放传播话语权成为一把双刃剑，融媒体时代新闻写作追求效率与大众关注度，在追求即时性、参与性与互动性的同时，如何把控新闻写作与报道的真实性原则，不使其陷入过度追求时效热点的深渊，成为当下新闻写作实践必须要考量与重视的问题。

（一）真实性是新闻写作应遵守的首要原则，是新闻的生命

新闻写作是对已经发生的、真实存在的事情进行的客观描写，因此真实性对新闻来说十分重要。而在传统新闻写作理论中，对真实性的要求一直被放在十分靠前的位置，即使是媒介深度融合的当下，在新闻写作理论中人们也一直强调真实性的重要。真实性是新闻写作必须符合的基本条件之一，也是新闻写作需要遵循的第一原则。中国的新闻写作理论发展较晚，是伴随着西方文化的强制输入开始萌芽并发展的，因此初期的发展多依靠对国外理论的学习与借鉴，而在外国的新闻写作理论中真实性是一直被强调的重要特性。比如早期被人们广泛阅读和学习的松本君平的《新闻学》，在书中作者强调要"据实直书""搜集新闻现象之事实"，将事实看作新闻写作的基础和依据。转观西方国家长久以来形成的自由主义新闻写作观，强调新闻写作的客观、公正，以及经济、政治的独立。从廉价报纸的探索开始，西方报纸更加注重客观如实报道每天发生的事情，让事实和信息取代言论和意见，真正做到客观真实。阿道夫·西蒙·奥克斯在接办《纽约时报》时曾强调要客观、真实、严肃地报道新闻事实，并且将这一理念一直贯彻在日后的办报中。迅速、客观、正确地报道新闻事实，这将新闻报道提高到一个新的水平，这一崭新的办报理念也对新闻界产生了深远的影响。俄国在新闻工作中一直秉承着马克思主义新闻思想，用辩证的、哲学的方式看

待新闻工作，坚持存在第一、实践第一、实事求是，真实地反映客观情况。我国的新闻工作者在新闻写作中一直延续着实事求是的作风。可见无关国家和新闻写作流派，真实性一直是新闻写作的基本原则和要求。

中国的新闻写作理论中有很多关于真实性的叙述，2006年出版的《新闻写作》《广播电视新闻采访与写作》，2012年出版的《新闻写作学》都是较有代表性、较权威的教材。这些图书都强调了真实的重要性，指出真实是新闻写作的第一要义，是新闻报道最基本的原则，也代表着新闻写作学的根本属性，是新闻存在的基础，并提出"真实是新闻的生命"这一观点。真实性早已成为新闻写作教学理论中毋庸置疑的一条重要原则，无论新闻写作理论如何发展，媒介如何变化，这一点都不曾改变。融媒体时代的新闻写作真实性的界定依然是真实反映发生的事实，但是新闻写作实践中常常出现对于时效热点过度追求，而忽视新闻真实性的情况，理论与实践之间呈现明显的错位。

（二）媒介融合背景下新闻写作对时效热点追求过度化

即便是在媒介融合的大背景下，真实性在新闻写作理论中的重要地位都不曾改变，在理论教学中也一直对这条原则加以强调。但是，在当下的新闻写作实践中却常常出现与理论错位的现象。媒体往往追求新闻的时效性与话题度、热点度，特别是在第一时间捕捉并报道重大突发新闻，成为赚取关注度的有效手段，也成为检验新闻媒体优异程度的重要指标。因此，在潜移默化的影响下，新闻写作的标准由报得准向报得快逐渐倾斜。对时效热点的过度化追求与新闻写作理论强调的真实性第一原则产生明显的错位，为促进融媒体时代新闻行业的可持续健康发展，必须厘清错位的原因，并寻求相应的解决措施。

1. 新闻写作实践由强调准确性转向偏重速度性

在融媒体时代，信息互通速度极快。在面对突发社会事件时，新闻媒体必须敏锐反应并迅速报道，才能在众多竞争中脱颖而出，获得更高的社会关注度与新闻接受者的认可。因此，新闻写作呈现出时效性第一而真实性退位的特点，写作实践由强调准确性转为偏重速度性。一方面，这一倾斜确实有利于新闻接受者获取最新资讯，社会信息的公开度与透明度都有明显的增加，尤其是新闻媒体对社会热点事件的密切关注与持续跟进，为大众争取到更多的参与权利，打破旧传播时代信息封闭的不对等模式。另一方面，求快而不求准的风气一旦盛行，则将导致新闻写作的严谨性缺失，例如融媒体时代新闻报道出现频繁反转的情况。新闻媒体借助网络平台得以更及时地发布新闻，时效性大大增强，却出现报道时先入为主，未明真相就迅速盖棺定论或未经核实便转载报道信息的情况；为博热度发布文题不相符的新闻，令很多未读完全文的读者产生误解；在后续报道中新闻的真实情况逐渐随着调查浮出水面，媒体推翻之前报道的情况也时有发生。近年来，无论是传统新闻媒体还是网络媒体都没能逃离被质疑的漩涡，新闻不断出现反转，真相一次次变成新闻误报的佐证，失实报道错误地引导了舆论的方向，新闻的力量被削弱，新闻媒体也因此遭受了很多质疑，权威性和公信力皆受到了不小影响。

在融媒体时代的新闻写作中，个别媒体为了获得更高的关注度，偶尔在新闻报道中使用骇人或有违事实的新闻标题，利用公众的好奇心和猎奇心理谋取更高的关注度和点击量。这一行为有违传统新闻写作理论中的真实性第一原则，从而造成理论与实践之间的错位。

2. 融媒体时代新闻真实性退位的主要原因

在当今新闻写作实践中，过度追求热点效应与时效性的状况频频出现，传统理论主张的真实性第一原则受到冲击。深究类似错位现象的背后原因，可以归结为以下三点。

（1）网络媒体及自媒体准入门槛低，环境宽松。

新闻写作对热点事件的关注以及对时效性的追求，在各个传播时代都很常见，并非自融媒体时代才出现的，不应该受到抑制或抵触。但是，由于媒介深度融合而带来的时代特色将新闻写作对时效性的追求扩大化、明显化、过度化。可以说，我们早已身处于一个信息爆炸的时代，信息数目庞大，而借助网络进行的信息流通不断加速且更为便捷，使得信息共享更为轻松容易。但是，信息的真伪审核与查验因此变得更为困难。同时，由于网络的迅速发展，依托于互联网的网络媒体和自媒体迅速兴起，打破旧传播时代新闻产业的固有范式，令媒体宏观的生态环境有所改变，发育结构产生颠覆性的影响。与传统媒体相比，网络媒体和自媒体门槛较低，监管较松，环境相对自由，写作灵感也更为活跃。这使得写新闻的人能够更为敏锐地捕捉到新鲜事和新闻素材。但是，在各类信息飞速流通的时代，网络媒体与自媒体的行业优势容易导致新闻写作不辨真假，一味仅求热度，造成融媒体时代新闻真实性的退位。

在旧传播时代，新闻写作者往往是接受过专业训练的记者，采写技能和专业素质较高，因此新闻内容相对有保障。但是，网络媒体相对而言环境宽松、门槛较低，对信息发布者的要求不高，导致新闻写作的质量参差不齐。而为了保证新闻写作内容的新鲜度，一些媒体直接选取网络平台中普通用户和自媒体用户发布内容作为新闻素材，从中找到更为独特的新闻切入点，令新闻写作内容多元且紧跟潮流，以满足更多新闻接受者的个性化需求。但是，被征引新闻素材的普通用户并未受过专业的新闻写作训练，对事情的判断难免带有主观色彩，提供的内容有可能与事实有出入，一旦不加核实查证便加以使用，尽管满足了受众对新闻时效性的需求，但是极有可能对新闻的真实性带来巨大隐患。

除此之外，传统新闻媒体内部体系完整，任务分工明晰有度，对新闻内容进行层层把关和审核，能够较好保证新闻信息的真实性。但是，网络媒体的运行模式与传统媒体截然不同，一方面，计算机信息处理技术与网络技术的飞速发展，使网络媒体自带便捷特性。也就是说，网络媒体的新闻发布并不受到时间和地点的限制，且会在网络渠道广泛迅速地传播，但同时也便造成不真实的新闻报道一旦发出便难以遏制的弊病。因此，网络媒体的繁荣，在一定程度上为新闻产业发展带来了新的生机和活力，但同时网络媒体也成为不实报道滋生的温床。另一方面，由于网络具有自纠、自净的特点，不少新闻报道会在后续得以纠正，造成网络媒体对内容的真实性不够重视。以微博平台为例。微博的编辑功能可以为新闻写作提供二次更改的可能性。而在传统新闻媒体的运行规则中，稿件一经发出便结束新闻写作的环节。但是融媒体时代强调互动性，可以根据微博留言而改变新闻内容。新闻写作者为追求时效性与热点效应，或未经查验证实便发布出来，随后也留有二次更改的空间。值得思考的是，在网络传播功能日渐繁荣的当今，一旦留下痕迹便永远无法消除。新闻报道把关不严，对待失实新闻或加以掩盖或干脆删除，看似可以自纠、自净，却也可能导致对真实性第一原则的忽视，并造成新闻媒体公信力缺失的严重后果。

（2）媒体行业竞争加剧。

由于传统媒体需要运营资质，且受到国家政策的密切保护。因此，在过去很长的一段时间内传统媒体能够对信息进行垄断，几乎可以轻松覆盖整个媒介受众市场。传统媒体有各自的独特优势，它们彼此不可以被替代，各具竞争力。

但是，随着媒介融合逐渐深入，信息的垄断变得非常困难，传统媒体昔日的优势不再，几乎和新媒体站在同样的起跑线上公平竞争，且新媒体表现出更为突出的优势。新媒体依靠网络这一传播渠道可以突破传统媒体时间、空间上的限制，改变传统媒体中心制作、四面单向传播的范式，信息传播范围被极大地拓宽，信息流动与共享的速度越来越快，想要写出独家新闻已然十分困难。

媒介融合下的新媒体在很多方面弥补了传统媒体的不足，这一改变对于新闻产业的调整升级有着促进作用，但是同时也给新闻媒体带来了更大的压力和挑战，加重了新闻从业者的职业危机感。各家新闻媒体为保有持续生存发展的竞争力，在众多同类媒体单位中脱颖而出，必然要应对行业的危机挑战，从而做出调整。而仅仅凭借优质新闻内容已经无法获取更多新闻接受者的关注，当下消费者对于新鲜事儿的热情成为媒体行业对策调整的侧重点，因此，在这样的情况下，各家媒体必须争分夺秒地进行写作，加强新闻写作主体对信息的采集、整合、处理，不断增强新闻写作的时效性，以此增强自己在行业内的竞争力，有时为了追求速度甚至在写作中弱化对信息的核实和处理，新闻内容失实，出现误报和反转。

除此之外，一些媒体会在关注度上做文章，为新闻取一个吸引人眼球的标题，以求得公众对新闻的关注，获得更多的点击量，并以此盈利。因此，标题失实的情况也时有发生。新闻写作中"真"与"新"两元素的地位竞争逐渐加剧，新闻写作对时效性、热点效应的追求逐渐走向过度化的趋势，而真实性原则退位，新闻内容难以对真实性做出百分之百的保证。

（3）新闻写作主体不严谨，对真实性的重视不够。

在融媒体时代背景下，网络媒体准入门槛低、媒体行业竞争压力加剧等外在因素，使得新闻写作实践出现对于时效热点追求过度化的状况。从主观方面而言，新闻从业者自身的写作态度不严谨，对真实性重视的不足也是导致新闻真实性逐渐退位的另一原因。

理论上来讲，事实是客观存在的，不以人的意志为转移，新闻是客观事实的真实反映。但是，新闻的价值和新闻报道实际上都是人们观念形态的产物，因此新闻报道能否达成理想化的状态，在一定程度上会受到新闻写作主体的影响。人们日常看到的新闻报道并不是纯客观的东西，是新闻写作主体主观认知和客观事实相互作用下的产物。所以当新闻写作主体在主观上对真实性不够重视，将其置于时效性之后，在写作中又不够细心和严谨，将没有完全查验与核实的信息用在文章中，以求新闻快速发布，就会造成真实性退位的情况。我国著名新闻评论人陈颂英强调责任对新闻写作者的重要性，明确指出，"新闻记者所写的每一篇报道，都要敢于对自己的受众负责，敢于对自己所在的媒体负责，也要敢于对自己的职业操守负责"。

当新闻写作者将盈利目的放置于首位，而忽视自己所承担的责任时，容易造成新闻写作的真实性缺位。传统的新闻写作者依靠新闻向大众传递信息，目的明确也相对纯粹。当下却出现了依靠新闻盈利，通过点击量、关注度来获得收益的新闻写作者。他们为盈利目的，吸引受众观看，往往给新闻拟一个与内容不相符的、更引人注意的标题，利用读者的好奇心理，促使人们点进这些报道，并不考虑新闻失实的后果，也并未承担自身作为新闻写作者的责任。

（三）融媒体时代新闻写作仍应坚守真实性第一的原则

无论在什么时候，真实性都应当成为新闻写作的第一原则。在融媒体时代，新闻写作对时效热点的过度追求，已然与传统新闻写作理论形成错位，更与新闻写作初衷背道而驰。为了促进媒介融合背景下的新闻产业合理、健康发展，推动产业优化升级，并保持新闻理念的纯粹与干净，我们必须对其做出相应调整，弥合当下新闻写作实践与传统理论二者之间的错位，坚定真实性第一的原则。

首先，推动相应法律法规与行业标准的完善。事实上，时效性与真实性的地位之争，在新闻写作中一直存在。但是，融媒体时代，网络繁体加速信息传播与共享，造成"新"与"真"的竞争影响放大化、明显化。我国一直努力完善相应的法规政策，如不断完善《互联网信息服务管理办法》，颁布《互联网用户公众账号信息服务管理规定》等文件，以法律手段扼制假新闻的频发，同时也成为向传统新闻写作理论回归的一种外部规约力。

其次，传统新闻媒体应坚守自己的新闻主义。新闻工作者在写新闻时应时刻谨记真实是新闻的生命，主观上认可这一观点，加强自律，并严格遵守这一原则。放下新闻写作争分夺秒、时效性第一的想法，与博眼球、争热度的做法划清界限。尽管媒介融合、竞争激烈，仍要专业地对待新闻写作，以自身的行动守住行业的初心，维护主流新闻媒体的权威性。记者在新闻写作前应进行多方信息采集，核实信息的真实性，避免出现误报或报道片面、内容歧义的情况，在新闻需要迅速发出的情况下应更加注重词句的斟酌。时刻告诫自己报道要保持客观中立，去思维定式，去标签，用第一次写作的态度认真对待每一次写作。同时，新闻行业应制定并完善行业应急处理机制，尽快澄清失实报道，对相关责任人进行追责，并根据事情的严重性给予对应的惩罚。总之，对于传统媒体而言，始终坚持严谨的写作态度与专业的理念范式，不仅要为受众传递新闻信息，更应该传递信息背后的深层思考，这样才能够在融媒体时代保有自身竞争力，实现可持续健康发展。

最后，就新兴媒体和自媒体来讲，为了应对新闻失实的情况，新兴媒体及自媒体的网络平台可尝试加强自身的舆情预警，针对不同程度新闻失实引发的情况制订较为详尽的判断标准和预警方案，以便及时发现征兆，针对危机情况对症下药、合理处理。此外，可采用平台用户间互相监督的方法来应对不易被发现的轻度失实情况，同时对权重较大的用户进行较为严格的管理，避免其滥用权重发布不实信息煽动舆论的情况。新兴媒体和自媒体中新闻真实性的维护更多地依赖于用户的自身新闻素养。融媒体时代开放信息话语权，人人皆可成为新闻写作者，但要求每个参与者都有良好的是非判断能力，坚守正确的价值观并不容易，因此，这成为新闻失真的一个重要原因。但是，这也成为打破新闻失真的有力武器，即人人皆可发表说话，在成为围观者的同时也成为新闻发布者。如此一来，信息权被平分平享，旧传播时代的话语独霸则被消解。这是融媒体时代的优势。这种优势需要有规划、有组织地被合理运用起来。

第二节　新闻写作模式的创新思考

一、融媒体时代新闻写作中存在的问题

（一）标题与内容不符

在进行新闻写作的过程中，标题是对整个稿件内容的高度概括，具有良好的综合性，因此新闻的标题要涵盖整个文章的具体内容，不能出现顾此失彼的不良现象。但是在融媒体不断发展的现代社会，新闻行业的市场竞争越来越大，部分编辑为了吸引受众的注意，提高新闻报道的点击率，其新闻报道的标题设置夸大其词，甚至与整个新闻报道的具

体内容没有一丝联系，这在很大程度上影响了新闻媒体在受众心目中的形象。

（二）求新偏离真实

真实性是新闻报道的重要特征之一，也是媒体工作者在进行新闻写作时应该遵循的重要原则。但是部分媒体工作者为了追求新闻报道的时效性，忽视了新闻报道的真实性特点。与此同时，在信息技术和互联网不断发展的现代社会，新闻编辑获取新闻材料的途径更加便捷。但是网络环境在提供新闻资料的同时，其新闻资料的真实性和可靠性有待考证。除此之外，部分新闻人员在进行新闻报道的过程中，过分追求网络信息的所谓爆点，对一些已经存在的新闻报道进行肆意渲染或者断章取义，并在没有进行资料甄别和信息求证的情况下，利用新闻报道对当事人进行舆论抨击，这对当事人的正常生活以及当前的社会稳定造成了非常严重的影响。

（三）对法律道德的约束不够重视

新闻报道是弘扬社会正能量的重要途径，在整个社会发展中扮演着非常重要的角色。因此在新闻写作的过程中，新闻报道的内容往往受到道德和法律的双重约束，这在很大程度上发挥了新闻报道的实际效能，引导广大人民群众形成正确的价值取向和道德观念。但是在互联网和信息技术不断发展的现代社会，网络环境的监管体系和法律法规有待健全与完善，使得网络环境中充斥着一些虚假信息，也使得部分新闻报道中存在打擦边球和随意创作等不良现象，这对融媒体时代新闻行业的良性发展造成了巨大的阻碍。

（四）新闻编辑的职业素养不高

对于融媒体时代新闻写作而言，其综合性及开放性越来越高，因而面临的市场竞争也越来越大。随着信息技术和互联网的不断发展，新闻写作的模式和手段发生了巨大的变化，这对媒体工作人员的专业知识和综合素质提出了更高的要求。但是在当前新闻报道的具体实践中新闻编辑的专业知识和综合能力并不理想，在很大程度上影响了新闻报道的整体质量，阻碍了新闻报道的进一步传播。首先，在信息大爆炸的现代社会，工作人员的信息鉴别能力有待进一步提高，这对新闻报道的真实性造成了负面的影响。其次，在各种因素的影响下，部分新闻编辑的职业素养出现缺失，因而在新闻媒体行业出现了大批的"标题党"，这与新闻报道和新闻传播的初衷背道而驰，同时也对青少年人生观和价值观的确立造成了影响。最后，新闻媒体行业缺乏行之有效的培训机制，很多媒体工作人员专业知识和综合能力得不到显著的提升，这在一定程度上阻碍了新闻报道整体质量的提高。

二、融媒体时代新闻写作模式创新路径

（一）加强新闻资源的整合

随着融媒体的快速发展，新闻行业的综合性和开放性获得了显著的提升，人人都可以成为新闻报道的撰写者和传播者，人民群众在新闻行业中发挥着消费者和生产者的双重作用，这在丰富新闻报道的同时，也进一步增大了新闻报道的随意性，影响了广大受众的新闻体验。针对这种情况，新闻编辑要结合融媒体的内在特征以及自己的工作实践，不断创新新闻报道的写作模式，从多个角度和多个层次提高新闻报道的真实性和客观性，进一步优化新闻报道的实际价值，为受众提供更为优质的新闻体验。在开展新闻写作的实践过程中，新闻事件随着时间的不断发展而愈加复杂，许多新闻要素也会渐渐呈现在人们的面前，因此在进行新闻报道的工作实践中，为了提高新闻报道的时效性抢得市场先机，其前期新闻写作应该基于当前的事实真相进行简单报道，然后当新闻事件发展到一定程度之后，编辑人员要充分发挥网络平台的内在优势，有效整合当前的信息资源，进一步提高新闻报道的深度和广度，使得大众对整个新闻事件有更为全面的了解。

（二）丰富传播编排形式

随着信息技术和互联网的不断发展，新闻媒体行业的传播途径愈加丰富，其传播方式已经不再局限于电视、广播和报纸，其传播过程中整合了文字、图片、视频以及音频等多种形式，新闻报道的信息传播朝着全方位和立体化的形式发展。因此在进行新闻创作的过程中，工作人员要根据新闻事件的具体内容及人民群众的切实需求，有效整合当前的编辑编排技术，进一步丰富新闻报道的传播形式，切实提高新闻报道的点击率和点赞率。

与此同时，媒体工作人员也要对当前的流行语和网络用语有较为全面的认识，并将其科学合理地运用于新闻报道中，从而有效拉近新闻报道和受众之间的心理距离，切实满足受众的心理需求。

除此之外，媒体工作者可以有效借助当前的摄影技术，为新闻报道提供清晰有效的全景图片以及视频音频等，从而进一步提高新闻报道的视觉效果，切实加深受众对新闻报道的观看印象，从而达到新闻传播的根本目的。

（三）加强新闻的动态报道

在新闻行业不断发展的现代社会，动态新闻报道已经在新闻写作中得到了广泛的应用，并取得了十分不错的应用效果。因此，新闻媒体要结合当前的信息技术和网络环境，不断更新信息的采集技术、制作技术以及传播技术，切实简化新闻的生产流程，有效压缩新闻的制作周期，从而进一步加强新闻报道的动态性和即时性。融媒体时代的新闻写作模式与传统的新闻写作模式有着较大的区别，对于传统媒体的新闻写作模式而言，其广播主要是通过声音完成具有现场同期声的新闻，而电视则主要是用现场直播的方式来完成声音和画面的传递；融媒体时代的新闻写作模式，在传统新闻写作的基础上增加了访谈式直播、文字图片直播以及网络视频直播等多种形式，这在很大程度上丰富了新闻事件的传播途径，也为人们新闻信息的获取提供了更多的渠道。

（四）提高新闻编辑的综合素质

融媒体时代的新闻写作，对媒体工作人员的专业知识和综合素质都有着较高的要求，新闻编辑要结合当前社会发展的趋势以及广大受众的切实需求，不断优化自身的知识储备和专业技能，切实提高新闻报道的整体质量，为受众提供更加优质的新闻报道。具体做法如下：

首先，媒体工作人员要提高自己的专业知识储备，从而对新闻事件有一个敏锐的判断，及时发现身边存在的新闻事件，深入发掘新闻事件中存在的新闻价值。

其次，在进行新闻写作的过程中，要对整个新闻事件的起因、经过、结果、时间、地点以及人物等做到正确、全面地了解，并以此为基础进行真实有效的新闻报道，切实提高新闻报道的完整性。

最后，相关工作人员也要不断反思自己新闻写作中存在的问题，并阅读大量专家大师的作品，从而有效改进工作实践中存在的不足之处，不断优化自身的创新意识和创新能力，为受众提供更加优质的新闻报道。

除此之外，相关部门也要根据自身的实际情况，对新闻编辑进行定期的培训，从而进一步提高职业素养和综合水平，使其能够灵活地应用自己掌握的专业知识，从而为新闻行业的不断发展奠定坚实的基础。

第三节　创新新闻写作的实践方法

一、在教学环节促进新闻写作实践的创新

（一）积极落实实践教学

为了保障学校以及老师充分地意识到实践教学的作用及价值，我国高校在开设广播电视新闻学专业的过程之中必须要结合实践教学的相

关要求，加强对学校老师的引导以及教育，保障其能够树立良好的教育理念，真正地将实践教学与理论教学相结合。广播电视新闻学专业的操作性及实践性比较强，随着我国新闻传播技术的快速发展，该专业在实践过程中的工具性、应用性会越来越明显，为了能够真正地实现人才培养目标，保障学生在接受学校的教育之后顺利地走上工作岗位，为新闻传播业的快速发展贡献出个人的作用以及力量，我国高校需要积极地落实实践教学，注重对教学资源的优化配置以及利用，实现实践教学与理论教学之间的有效统一。除此之外，老师需要在实践教学的过程中加强与学生的互动，了解学生的真实需求，保障教学模式能够调动学生的积极性。

（二）注重教学模式的优化设计

作为一门对动手实践操作能力要求较高的学科，学校老师必须要积极地站在宏观发展的角度，了解不同教学方法的作用以及价值，有效突破应试教育的桎梏，在落实广播电视新闻学实践教学的过程之中，老师必须要注重不同教学模式的有效创新，将情境教学法、提问式教学法以及实践教学法相结合，为学生提供更多动作实践操作的机会，加强对学生的引导，让学生在实践动手的过程之中能够真正地提高对新闻传播的认识，保障个人能够拥有一定的新闻敏感度，在不断的实习以及训练的过程之中形成良好的新闻思维模式以及框架，保障新闻资源的有效性、及时性和新鲜性。

另外不同的教学模式有所差距，为了能够真正地发挥每一种教学模式的优势，专业老师在实践教学的过程之中需要结合新闻学专业课程开设的实际情况，了解每一个课程的重点以及难点，加强对广播电视新闻学专业实践教学环节的有效强化，根据专业的人才培养目标以及人才培养计划强化对实践教学的认识，结合新闻学专业领域的相关研究成果来对学生进行有效的引导，实现理论教学与实践教学之间的有效对接，保障教学内容与教学形式能够与时俱进，只有这样才能够真正促进学生的全方位发展。

（三）加大对实践教学的投入

作为广播电视新闻学专业教学的基础以及核心，实践教学对学生全方位发展有着关键的作用，同时实践教学也是该专业人才培养的重点，为了能够有效地突破目前广播电视新闻学专业实践教学的桎梏，学校必须要积极地加大对实践教学的投入，通过设备的及时更新以及有效维护来为老师的教学奠定坚实的物质基础，保障老师能够通过各种教学资源的优化配置以及利用对学生进行有效的引导，积极地解决教学过程之中的各类社会问题，在与学生的互动之中实现对学生的有效领导，调动学生的参与积极性，实现各种教学资源的优化配置和利用。

与新闻本身的历史相比，中国的新闻学研究是相当晚期的事情。据朱至刚的研究，新闻学在清末还只是个偶尔被提及的"新名词"，尚未作为一门"学问"被接纳，重要的变化发生在民初到一战前后。一般认为，1918年北京大学新闻学研究会的成立是中国新闻学研究的开端。短短几年内，这门对新闻知识进行探求的学问就勃然而兴，相继有徐宝璜的《新闻学》（1919）、邵飘萍的《实际应用新闻学》（1923）、戈公振的《中国报学史》（1927）等经典之作出版。经由日本作为中介，美国的新闻研究和教育模式也进入了中国，产生了巨大影响。不只是中国，美国新闻研究的发展模式曾广泛地影响了很多国家，以致如今谈到新闻研究，不能不从它在美国的发展历史开始说起。舒德森（Schudson）曾评价，在1970年代之前，美国的新闻研究也没有多少优质的成果，"当时很少有什么能够比得上20年代出现的如李普曼作品那样有影响力的成果。到70年代，才有些突破性的研究成果出现。"简要回顾一下美国新闻研究的历史就可以看出，70年代的突破并不是凭空出现的，不能忽略之前几十年的积淀。

早期的美国新闻研究起源于职业教育，围绕报社和报人的新闻实践展开的报刊史研究是20世纪前的中心。就在中国早期新闻学勃兴之时，美国新闻研究也进入了一个新的时代。1924年，《新闻学季刊》（*Journalism Quarterly*）的创立标志着新闻研究新时代的到来。该杂志第一期发表了威斯康星大学布莱耶（Bleyer）的文章，概述了报纸研究的主要路径。布莱耶是新闻研究转型的关键人物，他帮助开创了新闻研究的新时期：认真地对待新闻，新闻既是实践性的努力，也是研究的对象。1927年，这位投身学界的前记者一手在威斯康星大学创办了新闻学院，他坚持认为职业教育不具有足够的科学性，着手建立一个具有研究导向的新闻课程，其愿望就是把新的社会科学引入新闻研究的核心。20世纪30年代，他成功地在已有的政治科学和社会学博士项目里设置了新闻学的辅修。几乎同一时期，社会学家帕克（Parker）在芝加哥大学开展多项对报纸和记者的研究，与他同期做类似研究的学者们开始把新闻业看作一个值得系统分析的领域。施拉姆（Schramm）把1937—1956年间20年间的美国新闻研究概括为三种并行的趋势：一是以历史的方法对报业历史和著名编辑、发行人传记进行的研究；二是主要以政治科学的理论和方法对社会中的报业展开的研究；三是运用心理学、社会学和人类学的方法，把报业作为传播机构和传播过程来研究。他同时也注意到正在发生的一些转向，比如量化研究的涌现、行为科学方法的引入、对过程和结构的重视以及对世界范围内的报业和报业系统的关注。这些变化趋势反映了新闻研究正处在由行业研究向科学研究、从人文科学研究向社会科学研究的转变过程中。

20世纪50年代，新闻研究的变化集中体现在两个经典研究上：一个是怀特（White）对美国一份小型报纸的电报编辑选用电讯稿的情况进行的研究，另一个是布里德（Breed）对新闻室（newsroom）内控制因素的研究。两人的研究虽然将眼光投向新闻室内部，但仍然被当时主导的有限效果研究范式所吸纳，并未构成强大的研究传统。但他们为后续将新闻内容的生产与控制作为核心议题的新闻生产研究提供了一定借鉴，特别是参与式观察、深度访谈等方法的运用，被认为是新闻社会学的源头。最具范式突破意义的变化则发生在20世纪70年代，一批社会学政治学背景的研究者深入到新闻室内部，对新闻制作的过程进行理论分析，形成了所谓的新闻室民族志的黄金时代或者是第一波浪潮，极大地改变了美国新闻研究的面貌。费什曼（Fishman）概括说，传统新闻研究的核心关切是新闻的选择性（selectivity of news），而新闻生产关注的则是新闻的创造性（creation of news）。这些研究者以外来者的身份为研究新闻工作带来了新的视野，扩展了怀特和布里德所激发的洞察力。这样一个历史过程体现的是美国新闻研究向社会科学研究的演进，不再是对特定的新闻机构、人物、报道和事件的经验总结，而是在明确的问题意识指引下，运用社会科学的方法和理论对新闻业的现实进行观照。

时至 21 世纪初，新闻研究已经成为传播学科内发展最快的一个领域：其一，《新闻学》《新闻研究》《新闻实践》和《数字新闻学》相继创刊，以此为基础汇聚了一大批自认为从事新闻研究的学者。其二，国际传播学会、国际媒介和传播研究学会等组织陆续创建了新闻学分会。新闻研究作为一个独立的研究领域，已经积累了丰富的理论和文献体系，研究者之间的方法、路径和取向可能会有差异，但至少有一点是可以达成共识的，即了解和研究新闻是一项真正有意义的工作。值得注意的是，20世纪 70 年代的新闻生产研究所针对的新闻媒体正处于声望和权力的黄金时代，虽然这些新闻机构身处在一个重要事件迭出的时期，但它们本身的运作却是相当稳定，长期形成的科层制组织结构、工作常规、专业文化等使机构得以高效地运转。因此，这些研究是建立在一个长期稳定的新闻业基础之上的，新闻室的变化要少于社会上的其他机构，研究者们强调的是结构的稳定性。

而现在，新闻业却陷入了一个剧烈的数字化转型过程中，报社关闭、人员裁撤、营收下滑等无不预示着它的"动荡"。如果此时还来援引那些经典著作来解释已经发生巨变的新闻业，显然是会出现问题的。处在剧烈转型中的新闻业促发了新闻研究者的更大热情，正是在新闻业持续地陷入所谓"危机"的时刻，关于它的现状与未来的讨论又一次成为数字时代新闻研究的一个核心问题。一方面，一些经典的概念、问题和方法在数字时代依然有其生命力；但另一方面，新闻研究的创新也成为研究者必须正视和考虑的问题，一些学者倡导寻找新闻研究的新地图（newgeography），提倡在网络化世界的范式转移（paradigmshift），甚至是超越新闻业（beyondjournalism）来进行新闻研究无论是新闻业界自身的境况，还是新闻学科的研究进展，中国与欧美国家之间都存在显著的差异。但是由于新闻业的现实发展而对新闻学科提出的创新要求却具有相当的共性。中国的新闻研究应该如何描述、阐释、分析甚至是预测这种种变化？现有的视角、理论、方法还能适应这纷繁复杂的新闻业现实吗？应该如何进行学科层面的创新以弥合现实与研究之间的"差距"（gap）。本书的目的不在于、也无法提出新闻学科的整体创新思路，而是以西方新闻研究中的一个新兴领域"新闻创新"（journalism innovation）为例，讨论在中国语境下展开新闻创新研究的意义、可以采用的研究视角和分析路径，以此展示新闻学科进行创新的可能性。

二、新闻创新作为分析透镜

如何应对数字化对新闻业的挑战已经成为一个世界性的难题，中国新闻业也未能自外于这一世界大势。一方面，传统媒体不得不进行转型与融合的尝试，除了着眼于自身的数字化转型外，还创建了大量新的基于互联网的平台，如澎湃新闻、界面新闻、上海观察、封面新闻等新闻客户端的出现；另一方面，互联网科技公司也纷纷进军新闻业，类似"今日头条"等新的提供新闻信息服务的创业公司开始涌现，并在新闻生态系统中占据重要的位置，况且门户网站仍然占据信息生产传播的关键节点。变革、转型、融合、创新等问题不仅是新闻业界和学界关心的问题，甚至还进入了中央和地方政府的政治议程。本书认为，将这些与新闻业的变迁、转型、改革等有关的现象统称为新闻创新，把"创新"作为理解新闻业变迁的透镜（lens），有助于我们深化对相关问题的研究和认识。

在欧美新闻学界，新闻创新正在成为新闻研究领域一个日渐兴旺的分支，日益繁多的新闻创新现象催生了新闻创新研究的兴起。在此之前，媒介管理和媒介经济学者已经开始了对媒介创新的研究，在不少讨论媒介创新的文章中，新闻业发生的创新现象也被涵括在内。媒介创新研究的出现与媒介市场正在面临的根本性变化有关，各种与数字化和互联网有关的创新及融合过程不仅影响着媒介组织的商业模式，也改变着媒介生产、分发和消费的形式。这些变化促使媒介经济学者寻找合适的理论来揭示媒体行业发生的这些变化，于是创新研究得以成为媒介管理和媒介经济学最为关键的研究领域之一。媒介创新包括了出版、音乐、电影、电视等各个领域的创新，新闻创新作为一个分支也被包含在其中。

近年来，由于新闻创新现象的大量涌现，许多新闻研究者开始关注这一话题并生产出诸多成果，在研究的议题、视角和路径等方面都与传统的媒介创新研究形成差异，成为新媒体研究范式转移中的一个重要研究趋势。学者们广泛借用了行动者网络、新制度主义、创新扩散、破坏式创新等理论对西方社会新闻传播领域的创新现象进行了研究，通常是聚焦于某项特定的新闻创新现象，揭示其创新的原因、动力、过程和障碍等问题。

比较而言，我国的新闻创新研究还处在起步阶段。虽然媒体行业也出现了不少的创新现象，但相关的学术研究落后于现实发展，目前可见如王辰瑶和喻贤璐对三家报社微新闻生产体现出的创新机制的研究、李艳红对三家媒体采纳数据新闻的创新过程展开的经验研究等。事实上，丰富的行业实践为学术研究提出了大量有待回答的问题：在中国语境下，究竟哪些现象能称得上是新闻创新？判断的标准是什么？新闻创新是如何展开的，哪些因素在影响和制约着创新过程？如何评判新闻创新的结果？创新对于未来新闻业有何意义？就研究而言，创新视角的引入为研究者厘清相关现象提供了认识工具以及相应的理论资源。反过来，学界对这些问题的解释和探索也能为业界的创新实践提供借鉴和指导，促进新闻创新实践的发展。中国新闻业发展面临的问题既有世界新闻业存在的普遍性，也有在不同政经环境下运作的特殊性。现有主要基于西方国家的新闻创新实践的研究有可能为我们提供镜鉴，从中汲取具有共性的经验和教训；但也必须意识到，那些生发于西方社会环境和媒介生态的创新实践具有很强的"地方性"，未必适用于中国社会。从新闻创新的视角考察中国新闻行业的变化，具有两方面的意义。

首先，从研究的角度，有助于拓展现有研究的广度和深度。新闻业的数字化转型本身就是一个创新的过程，它是传统的新闻生产模式如何与新兴的技术特性相结合的创新过程。新闻创新是一种多元创新，它不仅包括新闻生产最前端的产品和方法的创新，而且是涉及组织作为主体的结构创新、行政创新、市场创新，以及在变迁环境下进行工作的个体行动者的工作方法创新、行动者的工作关系和实践社区进行重构的复杂过程。采用有关创新的相关理论来探讨这一过程，将可能为理解我国新闻业的数字化转型提供更深入的洞察，比如理解和探讨创新将如何在新闻领域发生、会遭遇哪些阻力、受到哪些因素的形塑等，深化对这些问题的认识对于理解新闻业的变迁至关重要。

其次，从实践的角度，有助于倡导行业内的创新风气。新闻创新活动的出现与新闻业面临的两个根本性挑战有关：一是新闻业作为一种专业，正在逐渐丧失其垄断性的职业地位；二是新闻业从广告商和受众那里获取收入维持其发展的商业模式也渐渐失效。传统媒体必须更主动地进行组织变迁和媒体创新，不仅是在常规的内容生产层面进行的创新，还应该在编辑过程、新闻产品及其商业模式和组织结构方面进行大的创新。西方新闻业面临的困境比中国同行更早也更艰难，但新闻创新的例子不胜枚举，说明危机之中也可能孕育着生机，危机。虽然创新也并不总是能够成功，失败更有可能是常态。但在新闻业陷入困境的当下，我们依然要鼓励创新，激发新闻组织和新闻工作者的创新精神，为新闻业的持续发展探索出新的路径。

三、新闻创新研究的议题

前文描述了引入新闻创新这一统摄性概念对于展开新闻研究具有的价值。关键问题也随之而来，面对复杂多样的新闻创新现象，我们如何从何着手？下面立足于我国新闻业发展过程中的各类创新现象，尝试提出下列四个可展开的维度，在各个维度下可分别展开理论研究和经验研究。

（一）创新的组织

具体而言，这些具体进行创新的主体包括三种类型的组织：

第一种是传统的新闻机构及其所创办的数字机构。这些机构依然是最为重要的原创新闻的生产者和发布者，它们在面对技术和经济危机的冲击时的调适与变革值得持续关注，如《人民日报》《解放日报》这样的主流媒体，以及《新京报》《南方都市报》这样的都市报。

第二种是新近创立的新闻初创公司。这些组织以网络为新闻的生产、发布和传播平台，虽然并不隶属于现有的传统新闻组织，但它们的内容以严肃新闻为主，是真正意义上的新闻机构。比如澎湃、界面这样的新闻机构。

第三种是日渐兴起的平台媒体。它们通常以技术公司的面目出现，否认自己是媒体公司，但对新闻业的影响日趋深刻而广泛。比如新闻分发平台和社交媒体平台，前者如今日头条、一点资讯和天天快报，后者如微信、微博。显而易见，虽然新闻组织依然是推动和开展新闻创新的主体，但这里所指的组织已不限于传统新闻组织，而是一种泛新闻组织的概念。

（二）创新的过程

新闻创新研究的核心议题就是探讨影响创新过程的各种因素、动力和作用机制。创新不是简单的一个新的技术、观念或思路的引入，也需要与之相匹配的组织结构、管理层级等方面的变革，从过程的角度讨论创新的产生更有利于揭示驱动创新的动力机制。

创新过程中具有四个关键维度，即驱动、来源、方向和轨迹。驱动包括了影响创新发生的内部和外部因素，内部驱动包括组织内的知识或资源，外部驱动包括管制的角色、影响组织的市场特征等。来源是来源于内部因素的具有启发性的想法，如构思和知识，或者是外部因素，如对外部观点的采纳或模仿。方向是指过程创新是由上而下还是由下而上的，即创新是由管理层发起的还是一线员工发起的。轨迹是指创新的空间，是在组织内部的封闭过程还是在一个网络里的开放过程。

（三）创新的产品

创新最终要体现为一种新物品或一种新的质量的物品的引入，但在新闻创新领域，它不仅仅是一种新的物品。创新的产品可能是新的新闻产品，如新闻客户端、中央厨房、平台媒体等；可能是新的新闻类型，如数据新闻、机器人新闻、短视频等；也可能是新兴的工作实践，如算法分发、新闻推广、流量监控等。这些都是新传播技术给新闻业带来的变化，这些变化最直观地体现了创新是什么。

在研究时，我们除了关心创新的产品是什么、它是如何运作的，还有它是如何被接受、采纳和扩散的过程。前者表明了创新是什么，后者是对创新产品的出现过程进行的描述。当然，在很多情况下，二者的区分并不那么清晰。

（四）创新的意义

尽管中国新闻业的数字化转型晚于美英等西方国家，但新闻业困境的出现也已将创新提上各个新闻组织的决策议程上来。从实践层面来看，创新失败的可能性更大，为什么还要提倡创新？这个问题关系到如何理解新闻创新对中国新闻业的意义。关键之处可能就在于，通过培育创新文化和创新精神为新闻业的转型找到可行的路径和方向。虽然某一个项目或产品的创新有起止时间，但整个行业内的创新是一个长期的过程。因此，创新与新闻业的未来密切有关，成功案例与失败案例都有其独到的价值。而在具体的创新案例中，创新主体及其他行动者是如何阐释创新过程并赋予其意义的。基于这些中国本土实践的研究，为我们展开中国语境下的新闻创新研究提供了难得的机遇，这些丰富而又特殊的实践有可能产生独特的理论贡献。

上文从创新的组织、过程、产品和意义四个维度对现有的新闻创新现象进行了一个理想型分类，它们代表的是侧重点的不同，但并不意味着就可以在现实中进行判然有别的区分，更多时候可能是以一种混杂的形态出现。我们当然可以从事大量的创新案例的研究，无论是某个新闻组织的媒体融合历程，还是一个具体的创新产品的出炉过程；我们也需要对新近涌现出的新鲜概念进行细致地梳理和厘清，比如算法、平台、中央厨房等。

此外，我们在研究时还需有批判的意识，对那些可能影响公共生活的新现象保持警惕，比如算法带来的负面效应、平台对新闻业格局的重塑等。

四、新闻创新研究的路径

国外的新闻发展有上百年的历史，新闻创新方面也做得更加成熟，相对于我国来说，所以在这方面引用国外的比较多。

新闻业中出现了大量的新现象亟待被纳入新闻研究的视野。与此同时，我们也要与之相匹配的研究方法和理论予以支持。舒德森曾将既有新闻研究概括为三种取向：政治经济、社会和文化。此后，他将政治与经济独立开来，成为政治、经济、社会和文化四种并列的路径。近年来，一些研究者开始倡议新的分析路径。比如在研究计算新闻时，安德森（Anderson）就呼吁要迈向一个计算和算法新闻社会学的研究体系，他在舒德森的基础上提出一个包含"政治、经济、场域、组织、文化和技术"六种研究路径在内的研究框架。在研究大数据和新闻时，刘易斯和韦斯特兰（Westlund）提出了一个包含认识论（epistemology）、专业知识（expertise）、经济（economics）和伦理（ethics）四重维度的分析框架。在对媒介创新的研究中，他们又提出了一个由行动者（actor）、技术性组件（actant）、受众（audiences）和行为（activities）构成的4A矩阵的分析框架。上述分析框架是研究者在面对各自的研究对象上提出的针对性的路径，在综合考量上述创新的研究框架后，本文在西方理论和本土实践的基础上提出一个由政治—经济、社会—文化与技术—物质三种研究路径构成的分析框架，其中既包括一些传统的研究路径，也纳入了一些新近提出的创新路径。需要说明的是，笔者希望这个分析框架可以不仅限于研究新闻创新，而是能够成为一种整合性的新闻研究的研究路径。

（一）政治—经济路径

新闻创新都是在特定的政经环境里运作，在这个国家出现的创新案例未必会在别的国家有效；甚至在一国内部，此地的创新案例也不一定能出现在他处。格雷夫斯（Graves）等人将美国政治新闻业中的事实核查视为一种创新，被一些美国的全国性精英媒体广泛采用，却在地方性和区域性媒体中应者寥寥。即使同为发达国家，促进创新的环境也有很大差异。鲍尔斯（Powers）和桑布拉诺（Zambrano）对美国西雅图和法国图卢兹的在线新闻初创机构的比较研究发现，新闻业在权力场域中的位置不同，导致两座城市的记者所拥有的资本数量和类型也有很大差异，这些差异影响了每座城市形成初创机构的程度以及结构化记者将资本转换成创立初创机构所需资源的能力。

洛瑞（Lowrey）指出，新闻组织的创新受两种对峙力量的左右而缺乏弹性，其中"强联系网络"较为重视与政治经济网络的联系，而"弱联系网络"则更为关注与市场和受众有关的面向。这些研究从不同侧面显示了政经力量对新闻创新的影响。而在中国语境下考察新闻创新的动力和过程时，尤其要注意不同力量的交织，如国家、制度、资本、商业等因素。就以国内近年来兴起的新闻客户端浪潮为例，尽管同样有地方党委政府的支持，但不同的创新产生了不同的效果。新闻客户端这种创新产品的兴起及其在各地的扩散背后的政经因素值得探究。

（二）社会—文化路径

20 世纪 70 年代以来，通过对新闻工作的社会组织研究，学者们把原本居于后台的新闻生产过程呈现出来，揭示了新闻业建构社会现实的本质。伯科威茨（Berkowitz）和刘正稼（Liu, Zhengjia）则指出，现在不仅要揭示新闻的建构过程，还应专注于新闻的意义生成，进而提倡一种新闻的社会—文化建构路径。在考察新闻创新时，同样可以采用社会一文化的路径。由于新闻组织是各类新闻创新发生的重要场景，研究者需要深入内部考察各种创新的具体运作过程。更早之前，博奇科夫斯基（Boczkowski）对美国在线新闻作为新闻创新的研究就是典型的社会建构的路径。保卢森（Paulussen）等人的研究就是通过参与式观察，解释了一个传统媒体的创新过程遇到的困难不仅存在于机构运作的层面，也与新闻工作者的抗拒态度有关。斯普里多（Spyridou）等人利用行动者网络理论考察不同的行动者如何协商并最终塑造互联网及相关的数字技术嵌入新闻室的方式。卡尔森（Carlson）和厄舍（Usher）把数字新闻初创公司视为创新的主体，通过对创业宣言的元新闻话语分析，展示它们对新闻业的阐释，如对既存新闻实践的确认与批评、对新闻业与技术间的边界的重新思考等。回到中国语境，当我们把新闻组织的融合、转型等视为创新时，仍有大量的未知问题等待探究，如它们的实际运作、创新过程等。这些新机构、新产品、新实践的出现在何种程度和意义上影响着新闻业则需要进行文化路径的阐释。

（三）技术—物质路径

在经典的新闻社会学研究中，技术问题虽然经常被提到，但很少被详细地讨论，并没有获得足够重要的位置。而现在，讨论当代新闻业的发展不关心技术是难以想象的，二者正以复杂和多元的方式深深地联系在一起。博奇科夫斯基和安德森认为，以前的新闻研究总是以词为开端，侧重于讨论词的内容、写或说这些词的人以及他们所属和互动的组织。而信息的生产、分发和接受过程中的物质条件被忽略了，现在应该加强对物的研究，包括工具、机器、硬件、软件和其他类型的技术。

技术—物质路径有以下两层含义：

一是新闻研究对象的拓展和转向。新闻业正在进入一个技术导向的时代，出现了数据新闻、机器人新闻、自动化新闻、算法新闻等新的实践类型。它们构成了新闻研究的新客体，体现了一种物质性的转向。

二是对这些新客体的研究必然会带来新闻研究范式和路径的更新，一个突出的例子就是科学和技术研究中的理论和方法被大量引入新闻研究中来，如已经被广泛采用的行动者网络理论，以及交易区和边界客体、技术戏剧等概念的使用，这些新的理论过和方法为新闻研究提供了丰富的概念和工具。

博奇科夫斯基和米契尔斯泰因（Mitchelstein）认为，以往对在线新闻的研究一直走在一条单行道上，既不能厘清哪些经验趋势独属于在线新闻、哪些又可被其他数字文化领域所共享，也无法与其他行为和社会科学中的相关理论构建工作进行概念方面的交流。他们希望实现的是一种双向的交换，将网络视角引入对新闻的研究为网络研究中对技术和组织因素的讨论提供了一个可能的场景。目前国内学界对今日头条等新闻分发平台背后的算法机制的关注就是物质转向的很好体现，一方面，它能够拓宽我们对新闻中行动者的理解，不仅限于记者，还应包括程序员、工程师、数据可视化专家等；另一方面，它也打破了传统新闻研究中的新闻室和新闻组织的中心性，一些新闻生态中的新来者亟须得到正视。新闻创新现象不是始自今日，而是始终存在于新闻业的发展历程中，只不过我们在当下开始以这样的概念来界定类似的现象。在早期关于创新的研究中，新闻创新被视为一种应对技术变迁的方式，与技术创新一词交替使用。而现在新闻创新则是一种应对"危机"的主要方式，这种危机在技术和经济双重因素的影响下日趋加深。新闻创新研究的兴起是学术研究对于实践中的新闻创新现象的回应。

综上所述，本节在对既有新闻创新文献的梳理基础上，试图针对中国新闻业的具体创新实践提出可能的研究框架。受限于个人视野，这些可能的议题和路径反映了写作者本人的阅读偏好和研究兴趣，这并不意味着中国语境下的新闻创新只能以这样的分析框架进行研究。不仅是处在剧变中的新闻业需要创新，以新闻业为主要关注对象的新闻研究也需要创新。如果说过去的新闻研究主要关注"常"，那么现在更重视对"变"的揭示，既定的研究范式也要有所更新。当下新闻研究需要关心的议题在增多，能够利用的理论资源和研究方法也在扩张。本文试图提出若干可能的研究视角和分析路径，从一个侧面展示出新闻研究进行创新的可能性。

参考文献

［1］郭光华．新闻写作［M］．北京：中国传媒大学出版社，2014.

［2］薛国林，张晋升，陈娟．新闻写作［M］．广州：暨南大学出版社，
   2013.

［3］王金星，杜春海．新闻写作［M］．重庆：重庆大学出版社，2010.

［4］徐征．广播电视新闻话语流变［M］．沈阳：沈阳出版社，2020.

［5］耿思嘉，高徽，程沛．新闻传播与广告创意［M］．长春：吉林人
   民出版社，2019.

［6］王哲平，邵鹏．视听融媒体概论［M］．杭州：浙江大学出版社，
   2020.

［7］王宏．融媒体实务［M］．北京：中国传媒大学出版社，2020.

［8］王晓宁．融合新闻传播新论［M］．南京：南京师范大学出版社，
   2020.

［9］刘文阁，李强．新闻传播概论［M］．北京：民主与建设出版社，
   2021.

［10］隋岩，哈艳秋．新闻传播学前沿［M］．北京：中国国际广播出版社，
   2020.

［11］张聪．融合与发展数据时代的新闻与传播［M］．北京：知识产
   权出版社，2019.

［12］孟笛．媒介融合背景下的数据新闻生产研究［M］．上海：上海
   大学出版社，2018.

［13］吴小坤．数据新闻制作简明教程［M］．上海：复旦大学出版社，
   2018.

［14］徐笛．数据新闻的兴起［M］．北京：中国传媒大学出版社，
   2019.

［15］朱怡，李欣．广播电视概论［M］．北京：中国传媒大学出版社，2020．

［16］崔莹，张爱军．微博舆论导向研究［M］．天津：天津人民出版社，2019．

［17］陈力丹．解析中国新闻传播学［M］．北京：人民日报出版社，2012．

［18］［美］谢尔·以色列．微博力［M］．任文科，译．北京：中国人民大学出版社，2010．

［19］田中阳．传播学基础［M］．长沙：岳麓书社，2009．

［20］迈克尔·舒德森．新闻社会学［M］．徐桂权，译．北京：华夏出版社，2010．

［21］盖伊·塔奇曼．做新闻［M］．麻争旗，刘笑盈，徐扬，译．北京：华夏出版社，2008．

［22］宫承波．新媒体概论（第六版）［M］．北京：中国广播电视出版社，2017．

［23］谭贤．新媒体运营从入门到精通［M］．北京：人民邮电出版社，2017．

［24］崔伟．新形势下新闻写作现状及发展趋势探究［J］．新闻传播，2013（3）：26-27．

［25］段显迪．新时期新闻写作研究及其发展趋向探析［J］．科技传播，2014（3）：35．

［26］蔡雯．"全媒体战略"中的内容生产创新：对新形势下传统媒体转型的思考［J］．新闻战线，2013（1）：86-88．

［27］黎海英，张亚莎．媒融时代传统期刊转型发展及实践探索［J］．编辑学刊，2020（4）：86-91．

［28］陈接峰，赵忠仲，李亚青．融媒体中心建设的理论困境和实践路径［J］．编辑之友，2019（6）：74-78．

［29］黄杨．互联网新型主流媒体提升传播力的路径分析：以澎湃新闻为例［J］．新闻与写作，2018（11）：17-23．

［30］徐宝璜. 新闻学［M］. 北京：中国传媒大学出版社，2018.

［31］邵飘萍. 实际应用新闻学［M］. 京报馆发行，昭明印刷局印刷出版，1923.

［32］元莉华. 试论新闻写作水平提高的原则及方法［J］. 新闻知识2013：（9），83.

［33］许娟. 编辑的融媒体素质培养研究［J］. 新闻研究导刊，2015（12）：105.

［34］［美］迈克尔·舒德森. 新闻社会学［M］. 徐佳权译. 北京：华夏出版社，2010.04.

［35］［美］麦尔文·曼切尔. 新闻报道与写作［M］. 北京：中国广播电视出版社，1981.

［36］胡乔木. 人人要学会写新闻［N］. 新闻战线，1946-09-01.

［37］陈颂英，杨世聪. 环绕电波的评说 业务论文选［M］. 贵阳：贵州人民出版社，1999.